BUNLARI KİMSEYE ANLATAMAMIŞTIM

ALİŞAN KAPAKLIKAYA

YEDİVEREN
YAYINLARI

BUNLARI KİMSEYE ANLATAMAMIŞTIM

Alişan Kapaklıkaya

Yediveren Yayınları
Tür: Kişisel Gelişim

Yayın Yönetmeni
Gökhan Alperen Bayrak

Yayın Koordinatörü
Akif Bayrak

Görsel Yönetmen
Leyla Çelik

İç Tasarım
İbrahim Akdağ
ISBN
978-605-5011-69-7

Baskı
Mart 2015
Yayınevi Sertifika No:29485
Tic. Sicil No:893116

Baskı
Çalış Ofset
Matbaa Sertifika No: 12107
Davutpaşa Cad. Yılanlı Ayazma Sk.
No:8 Davutpaşa /Topkapı/İstanbul
Tel: 0212 482 11 04

İzzettin Çalışlar Cad. Şair Orhan Veli Sok. No: 4 D:4
Bahçelievler / İSTANBUL
Tel: +90 212 506 13 84 / +90 212 506 13 85 / Fax: +90 212 506 13 86
www.yediverenyayinlari.com / bilgi@yediverenyayinlari.com

BUNLARI KİMSEYE ANLATAMAMIŞTIM

ALİŞAN KAPAKLIKAYA

YEDİVEREN
YAYINLARI

"İFADE EDİLMEYEN DUYGULAR
HİÇBİR ZAMAN KAYBOLMAZ.
ONLAR DİRİ DİRİ GÖMÜLÜR
VE PATLAMAYA HAZIR BİR BOMBA
GİBİ VÜCUDUMUZDA BEKLEMEYE
DEVAM EDER. FIRSATINI BULDUKLARI
BİR ZAMAN DA ÇOK ZARARLI BİR
ŞEKİLDE ORTAYA ÇIKIP KİŞİNİN
HAYATINI CEHENNEME ÇEVİRİR."

MERHABA

Çiçekleri tanımayan bahçıvanın çok güzel çiçekler yetiştirip onlardan oluşan harika bir bahçe meydana getirmesi mümkün değildir.

Öğrencileri tanımayan bir öğretmenin de çok iyi öğrenciler yetiştirip onlardan oluşan harika bir okul meydana getirmesi zor hatta imkânsızdır.

Okul; bir bahçe, öğrenciler o bahçenin çiçekleri, öğretmenler ise bu rengârenk çiçekleri yetiştirecek birer bahçıvandır.

Bir bahçede her çiçek kendi renginde açma imkânı bulursa o bahçe çok daha güzel olur. Her çiçeğin farklı özellikler taşıdığı ve farklı bir bakım istediği dikkate alınmazsa çoğu çiçek açmaz, açanlar da cılız ve solgun olur.

Bugün, okullarımızın çiçekleri olan öğrencilerimizin büyük bir kısmı mutsuzdur, huzursuzdur, problemlidir ve başarısızdır; cılız bir çiçek gibi solgundur. Bahçeyi, dikenlerin, sarmaşıkların ve yabani otların sarması gibi, öğrencilerimizi de kavga, huzursuzluk, mutsuzluk, karamsarlık, ümitsizlik gibi nice olumsuz durumlar sarmıştır.

Acaba bu durumun sebebi nedir?

Öğrencilerimizin hepsinin aynı olmayacağını, bazılarının farklı olacağını pek düşünmedik. Bir fabrikada standart üretim yapar gibi hepsine aynı bilgileri aynı sürede verip hepsinden aynı derecede başarılı olmalarını bekledik. Hepsinin belirlediğimiz davranış kalıplarına uymasını beklediğimiz gibi, yapmadıklarında da onları suçladık, ayıpladık.

Kim bu öğrenciler? İç dünyalarında neler var? Nasıl bir ailede yaşıyorlar? Onların bizden, okuldan, hayattan istekleri, beklentileri neler? Sanırım bunları pek düşünmedik.

Onların kendilerini bize anlatmalarına da fırsat vermedik.

Oysa hiçbir bahçıvan bahçesinde gördüğü yabani otlar yüzünden çiçeklerini koparıp atmaz. Onun işi bahçeyi zararlı otlardan arındırıp çiçeklerin daha güzel yetişmesini sağlamaktır; çiçekleri soldurmak, onları öldürmek değil...

Peki, ya biz öğretmenlerin işi ne? Bunu hiç düşündük mü? Bize yanlış gelen bir davranışını gördüğümüz öğrenciyi okuldan atmak mı? Bizim gibi düşünmüyor, beklediğimiz gibi davranmıyor diye onu suçlamak, ayıplamak mı? Bizden bağımsız bir şekilde özgürce gelişiyor ve kendi renginde açıyor diye onu sindirmeye ve soldurmaya çalışmak mı?

Hayır, elbette hayır...

Çiçek yetiştiremeyenler evlerine yapay çiçek koyar!..

Eğer biz öğrencilerimizi yakından tanımazsak, yetiştirmeyi başaramazsak onları **"yapay öğrenci"** haline getiririz.

İşte ben bu kitapta, seni Gönül Bahçemdeki çiçeklerden bazılarıyla tanıştırmak istiyorum. Rengârenk çiçeklerden derlediğim bir demeti sana sunmak istiyorum.

'Gönül Bahçeme hoş geldin!' diyor ve sizleri çiçeklerimle baş başa bırakıyorum.

Alişan KAPAKLIKAYA

DERYA'NIN SESİ KESİLDİ.
EN SON DUYDUĞUM "DUR, LÜTFEN ANLATMA!" SESİYLE TELEFON KAPANDI. MERAKLANMIŞTIM. ACABA KONU NEYDİ? DERYA'YA "DUR ANLATMA!" DİYE SESLENEN KİMDİ? DERYA NE ANLATACAKTI?

DAĞ KEÇİSİ

Bir gece geç saatlerde telefon çaldı. Acil bir durum veya ciddi bir sorun olduğunda aramaları için öğrencilerime telefon numaramı vermiştim ve saat 24.00'e kadar arayabileceklerini söylemiştim. Telefona giderken arayanın yine problemli bir öğrenci olabileceğini düşündüm. Açtığımda yanılmadığımı anladım.

— İyi geceler hocam, ben Derya.

— İyi geceler, buyurun canım.

— Hocam, bu saatte rahatsız ettiğim için özür dilerim.

— Rica ederim, önemli bir sorun olmasa bu saatte aramayacağını biliyorum.

— Evet hocam, çok önemli bir sorunumuz var. Kaç gündür içinden çıkamıyoruz.

— Buyur canım, seni dinliyorum.

— Hocam benim bir...

— Evet Derya.

— ...

Derya'nın sesi kesildi. En son duyduğum **"Dur, lütfen anlatma!"** sesiyle telefon kapandı.

Meraklanmıştım. Acaba konu neydi? Derya'ya "Dur anlatma!" diye seslenen kimdi? Derya ne anlatacaktı?

Danışmanı olduğum öğrencilerin bende telefon numaraları vardı. Derya'nın numarasını bulup aramak istedim, sonra bunun uygun olmayacağını düşünüp vazgeçtim.

On beş dakika sonra telefon yine çaldı.

— Hocam, özür dilerim.

— Ne oldu canım? Merak ettim.

— Hocam, sorunumuz telefonda konuşulmayacak kadar uzun.

— Olsun Derya, sen yine de kısaca anlatsan.

— Hocam, benim halamın bir kızı var. Bu sene lise son sınıfa geçti. Onunla ilgili bir konu. Sizden rica etsem yarın akşam bize gelebilir misiniz?

— Yarın akşam mı?

— Evet hocam, lütfen.

— Dur bir dakika... Evet, zamanım uygun, gelebilirim.

— Peki hocam, çok teşekkür ederim. Saat 18.00'de sizi akşam yemeğine bekliyorum. İyi geceler.

— İyi geceler canım.

Derya lise üçe geçen bir öğrenciydi. Çok duyarlı, ince ve nazik bir kızdı. Sınıfta her zaman arkadaşlarının sorunlarıyla ilgilenir, onlara yardımcı olmak için elinden gelen çabayı gösterirdi. Demek bu günlerde içinden çıkamadığı bir sorun vardı ki gecenin ilerleyen saatlerinde aramıştı. Sorunun ne olduğunu tahmin etmeye çalıştım ama aklıma pek bir şey gelmedi.

Akşam zile bastığımda saat tam 18.00'i gösteriyordu. Kapıyı Derya açtı, çok üzgün görünüyordu. Annesi mutfakta yemekle ilgilendiği için konuyu anlatma imkânı buldu. Halasının kızı Ayşe'nin geçmişinden bugüne kadar verdiği yaşam mücadelesinden ve onun yaşadığı sorundan kısaca bahsetti.

Çok üzülmüştüm. Ayşe çok zor günler yaşıyor olmalıydı. Onun gerçekten de ilgiye, yardıma ve rehberliğe ihtiyacı vardı.

Derya'ya Ayşe'yi çağırmasını söyledim. Beni tanımadığı için yanıma gelmek istemiyormuş. Gece de "Dur, lütfen anlatma" diyen Ayşe'ymiş. Yaşadığı sorunun bana anlatılmasını istemiyormuş. Fakat Derya, benim öğrencilere olan yaklaşımımı anlatmış, sorunu olan öğrencilerle nasıl ilgilendiğimden söz etmiş. Sonunda Ayşe'yi ikna edip yeniden aramış.

Derya'ya Ayşe'yle konuşmak istediğimi söyledim. Derya salondan çıktıktan birkaç dakika sonra birlikte içeri girdiler. Ayşe uzun boylu, zayıf ve oldukça güzel bir kızdı. Gözlerini yerden kaldırmıyordu. Yüzünde bir canlılık yoktu, yaşama sevincini kaybetmişti. Yanıma yaklaşıp "Hoş geldiniz." dedi ve sağ tarafımda bulunan divanın üzerine oturdu. Ben de "Hoş bulduk canım." deyip sustum.

Söze nereden başlayacağımı, onunla nasıl iletişime geçeceğimi bilemiyordum. Kendisiyle karşılıklı konuşmanın bu aşamada yararlı olup olmayacağını düşündüm. Sonunda konuşmaya karar verdim. Ayşe, Derya'nın da desteğiyle kendini anlattı. Bazen gözleri doluyor, ağlamamak için dudaklarını ısırıyordu.

Ayşe kendisini yargılamadan ve suçlamadan sadece anlamak için dinlediğimi hissedince daha rahat konuştu. Bir ara gülümsedi, yüzüne azıcık da olsa bir canlılık geldi. "Sana yardımcı olmaya çalışacağım Ayşe. Bugüne kadar binlerce mektup aldım, birçok öğrencinin sorununu dinledim, birçoğuna da yardımcı oldum. Sen de sorununu anlattın. Seninle ilk defa karşılaşıyoruz. Belki de konuşurken çekindiğinden anlatmak istemediğin başka şeyler olmuştur. Seni daha yakından tanıyabilmem ve daha iyi anlayabilmem için çocukluğundan başlayarak hayat hikâyeni yazar mısın canım?" dedim.

O akşam ayrılırken Ayşe'ye gençlik sorunları konusunda kitaplar hazırladığımı, eğer izin verirse onun sorununu da bir kitabımda ele almak istediğimi, mektup yazarsa onu yayınlayabileceğimi söyledim. O da **"Yazın hocam, yazın. Yazdıklarım tüm gençlere, özellikle de çocuklarına**

sevgi göstermeyen anne-babalara ibret olsun diye yazın." demişti.

Ayşe sözünü tuttu, konuşmamızdan iki gün sonra tamamını buraya aldığım mektubunu gönderdi.

Ben de bu mektubu en başta kendime, sonra çocuklarına sevgi vermeyen, onlara ilgi ve şefkat göstermeyen, onları anlamayan hatta dinlemeye vakit ayırmayan anne-babalara, başkalarına kolayca kanıveren gençlerimize, öğrencilerini tanımayan, onların sorunlarıyla ilgilenmeyen öğretmenlere, kısaca herkese, hepimize ışık tutsun, ibret olsun diye yayınlıyorum:

AYŞE'NİN MEKTUBU

Beni Evlatlık Vermişler

Yıl 1975, mevsimlerden kış. Ocak ayının soğuk bir akşamında, güneş batarken yoksul bir ailenin küçücük evinde dünyaya gelmişim. Üç kızdan sonra sanki kendi isteğimle dördüncü kız çocuk olarak gelmişim gibi doğduğumda kimse sevmemiş beni; çünkü herkes benim erkek olarak doğmamı bekliyormuş.

Eğer bugüne kadar yaşadıklarımın başıma geleceğini önceden bilseydim ve yine bir seçme şansım olsaydı hiç tereddüt etmeden doğar doğmaz ölmeyi seçerdim.

Gerçi doğduğum zaman onların beni sevip-sevmediğini şimdi hatırlamıyorum, çevremdekiler beni sevmediklerini sonradan söylediler ama hayatımda pek sevgi görmediğimi çok iyi biliyorum. Köyümüzde yaşayan bir amcam vardı.

Köyde kendi halinde hem çiftçilik yapar, hem de minibüsüyle ilçeye yolcu götürüp getirirdi. Çocukları olmuyordu, olmayacağı da kesinleşmişti.

Bir gün halamın düğünü için annem beni de alarak komşu köye gitmiş. Uyuduğum için beni bir yatağın üzerine bırakıp dışarı çıkmış. Bu sırada amcamın hanımı beni görmüş. Beni sevmiş ve annemden istemiş. Annem de ona "Bu zaten fazlalıktı, yanlışlıkla doğdu, al senin olsun" diyerek beni vermiş. Hem de, sevgiye ihtiyacımın olup olmayacağını, mutlu olmam için gerekli sevgiyi ve güveni onlarda bulup bulmayacağını hiç düşünmeden vermiş.

Beş yaşıma kadar amcamların evlatlık çocuğu olarak onların yanında büyümüşüm. Beş yaşımdan sonraki hayatımı hatırlıyorum. Evde durmazdım, kızlı oğlanlı, karışık olarak dağlarda keçi otlatmaya giderdik. Dağlarda dolaşmak bana evde olmaktan daha rahat gelirdi. Kırlarda dolaşır, kendimi avuturdum. Bazı çocuklar bir araya geldiklerinde uzaktan beni gösterip birbirlerine bir şeyler söylerlerdi. Konuşulan bazı cümleleri duyar gibi olurdum. "Babası ve annesi başkalarıymış... Bu kız Zehra Teyze'nin çocuğu değilmiş... Geçen annemle babam konuşurken duydum... Ayşe var ya, işte o evlatlıkmış, gerçek annesiyle babası değişikmiş..." gibi sözler kulağıma gelirdi. Ama ben duyduklarıma bir anlam veremezdim.

Bir gün dayanamayıp **"Benim gerçek annemle babam kim?"** diye sordum gerçek annemle babam bildiğim insanlara. Önce şaşırdılar, söylemek istemediler. Ben ısrar edince gerçeği anlattılar.

O an içimden bir şeylerin koptuğunu hissettim. Küçücük dünyam nasıl da yıkılmıştı gerçeği öğrenince. Beni hiç düşünmeden evden atan, başkalarına evlatlık verip başından savan gerçek annemle babama çok kızmış, öfkelenmiştim. Diğer kardeşlerimi yanlarında tutan, onlara kol kanat geren o insanlar, beni sevgilerinden neden yoksun bıraktılar hâlâ anlamış değilim. Bana kalsaydı ben ayrılmayı, başkalarının yanında bir sığıntı gibi yaşamayı ister miydim?

Derken bende bir okul hevesi başladı. Beş yaşımdayken kayıt olmadığım hâlde her gün okula giderdim. Birinci sınıflarla beraber okumayı yazmayı öğrenmiştim.

Babam Ölünce Üzülmedim...

Bir gün beni okuldan alıp eve getirdiler. Öz babamın öldüğünü söylediler. Ben de **"Bana ne öldüyse? Bugüne kadar hiç yanıma geldi mi, beni sevdi mi, onun çocuğu olduğumu hatırladı mı? Öldüyse öldü, ne yapayım?"** deyip arkadaşlarımla ip atlamaya gittim.

Babamın ölümüne üzülmüyordum. Ancak üvey annem olacak kadının yaptıkları beni çok üzüyordu. Önce babama kızıyor sonra da bana dönüp "Başımın belası, seni neden başıma bela aldım ki?" diye bağırıyordu. Sürekli olarak, şimdi size yazmaya utandığım hakaretler ediyordu. İşte, bu yüzden eve gelmeyi hiç istemiyordum. Dağda bayırda koşup oynuyor, evde bulamadığım sevgiyi ve huzuru dışarıda arıyordum. Eve döndüğümde ise terliğin topuğu ile sürekli dayak yiyordum. Dayak faslı, ben "Tövbe, tövbe, vallahi bir daha gitmeyeceğim." diye yalvarıncaya kadar devam ediyordu. Ama ben yine gidiyordum; üstelik o kadının dövmesine de alışmıştım.

Babam olacak adam da karısından pek aşağı kalmazdı. Beni sık dövmezdi ama eline aldığı zaman önce bir iyice tekmeler, sonra kaldırıp duvara çarpardı. Kaç kere kolum şişti, kaç kere kafam kırıldı ve kaç kere dayaktan bayıldım hatırlamıyorum. Hatırladığım tek şey, onlardan ve o evden kurtulmak istediğimdi. Bu arada hem okula devam ediyor, hem de ev işleri yapıyordum. Buna rağmen yine dayak yiyordum. Bugüne geldim, o dayakları neden yediğimi hâlâ anlayabilmiş değilim. Bu şartlar altında ilkokuldan mezun oldum. Diplomamı aldığım gün çok sevindim biliyor musunuz? Fakat bir süre sonra bu sevincin yerini bir burukluk aldı çünkü diplomamı götürüp gururla göstereceğim, elini öpeceğim bir annem ve babam yoktu. Ben okumayı çok istiyordum. Köyümüzde ortaokul yoktu. Bizimkiler benden kurtulacak olmalarının ümidiyle beni şehirdeki akrabalarımızın evine gönderdiler. Üvey annemle babamdan ayrılışıma çok sevindim; ancak çocukluğumuzun birlikte geçtiği teyzemin çocuklarından ayrılışıma oldukça üzüldüm. Kendimi o çocukların yanında mutlu hissederdim. Onları çok özleyecektim. Beni şehre göndermek için gelenlerin arasında o çocuklar da vardı. Teker teker bana sarıldılar. Minibüs hareket ederken hepsi birden arkamdan el sallıyor ve ağlıyorlardı. Hatta birkaç tanesi minibüsü yakalamak istercesine koştular, sonra hızlanan minibüsün çıkardığı tozların arkasında kalıp gözden kayboldular.

Beni önce yaşlı teyzemle kocası eve aldı. Onların benden büyük üç kızı daha vardı. Beni ortaokula göndermeyip Kur'an kursuna yazdırdılar. Bir yıl oraya devam ettim. Kurs bittikten sonra beni yine okutmak istemediler. Çok uğraştım, beni anlayıp yardım edecek akrabalarımla konuştum. Sonunda ortaokula yazılmayı başardım.

Üç Yıl, Üç Ev, Üç Cehennem...

Üç yıl boyunca üç ayrı evde kaldım. Evinde kaldığım her akrabam sevgi göstereceği yerde, beni kendi çocuklarından ayırıyor ve ev işlerini bana yaptırıyordu. Anlayacağınız okula yazılmıştım ama mutsuzluk peşimi bir türlü bırakmıyordu.

Köydeki annem ve ablalarım beni hiç aramıyorlardı. Bir annenin kendi çocuğuna nasıl olup da bu kadar ilgisiz kaldığını minicik beynime sığdıramıyordum. Hâlbuki ben, her akşam sığıntı gibi yaşadığım evlerdeki yatağıma uzandığımda, başımı göğsüne koyup huzur içinde uyuyabileceğim, güvenle koşup sarılabileceğim, şefkatli gözüne bakıp gülümseyeceğim bir annem olmasının hasretiyle ağlıyordum. Hep korkuyordum. Rüyamda ellerini bana doğru uzatarak gelen annemi ve babamı görüyordum sık sık. Demek ki annem, beni evlatlık verince sorumluluktan kurtulduğunu zannediyor, bu yüzden bir kerecik olsun beni arayıp sormuyordu.

Orta birinci sınıfta halamın yanında kaldım. Halamın çocukları derslerinde pek başarılı değillerdi. Sınavlarımdan hep yüksek not aldığım için beni kıskanıyorlardı. Bunun için de beni halama şikâyet edip dövdürtmek istiyorlardı. Halam, kendi çocukları daha çok çalışabilsin diye, ev işlerinin yanı sıra onların işlerini de bana yaptırırdı. Bir şeyi yapmayı unuttuğumda veya bir tabak düşürdüğümde hemen beni döverdi. Kendi çocuklarının yaptığı hataların cezalarını da hep ben çekerdim.

Orta ikinci sınıfta evinde kaldığım amcamın çocukları ve karısı benimle alay ederlerdi. Bana **"dağ keçisi"** diye seslenirdi. Toplum içinde "Görgü görenek bilmiyor, insanlara çıkaracak yüzümüz olmuyor, dağ köyünde yetiştiği için nezaketten uzak ve çok kaba, onun için kusura bakmayın." diyerek beni utandırıyorlardı. Böyle yapacaklarına, bana toplum içinde nasıl davranmam gerektiğini öğretselerdi ben o zaman onların istediği gibi görgülü ve nazik bir kız olurdum. Ama onlar bunu yapmadan beni suçlayıp durdular.

Orta üçe geçtiğimde bir başka amcamın evinde kalmaya başladım. Bu arada boyum bir hayli uzamıştı. Artık genç kız oluyordum. Başıma ilk defa gelen bazı durumlar beni şaşırtıyor, korkutuyor ve bunalıma itiyordu. Ergenlikten çıkıp gençliğe adım atan bir genç kız olarak, yaşadıklarımı kimseyle paylaşamıyordum. Konuşacak, derdimi anlatacak kimsem yoktu.

Keşke Garip'in Yerinde Ben Olsaydım...

Amcamın çocukları kendilerine bir köpek almışlardı. Sevimli bir köpekti, adını **"Garip"** koymuşlardı. Garip'i sık sık banyoya sokup yıkıyorlar ve tüylerini tarıyorlardı. Günde üç öğün köpek mamasıyla besliyorlar, sağlıklı bir şekilde gelişmesi için ellerinden gelen her şeyi yapıyorlardı. Neşesini kaybettiği zaman onu hemen bir veterinere götürüyorlardı. Akşam üzeri alıp dışarı çıkarıyorlar, sokakta gezdiriyorlardı.

Bir gün ben de Garip'i sevmek için yanına yaklaştım. Elimi ona uzatıp tüylerini okşadım. Fakat amcamın oğlu surat astı. Köpeğini sevmemi istemiyordu. Sertçe yanımdan kalkıp gitti. Onun bu hareketi çok zoruma gitmişti.

Ders çalışma bahanesiyle onların yanından ayrıldım. O an Garip'in yerinde olmayı çok istedim. Evdeki herkes onunla ilgileniyor, onu seviyordu. Ben insan olduğum hâlde bana bir köpek kadar değer vermiyorlar, beni onu sevdiklerinin onda biri kadar bile kadar sevmiyorlardı. Başımın ağrımasını bile söyleyemiyordum. Bu insanlar benden niçin bu kadar uzaktılar? Annem beni gerçekten sevseydi onun yanında olurdum. O bana Garip'in gördüğü ilgiyi gösterirdi. Hatta daha çok ilgilensin diye ona naz bile yapardım. Elimden ağlamaktan ve isyan etmekten başka bir şey gelmiyordu.

Bu arada, evde hakkımda dedikodular çıkarılıyordu. Ben kötü bir kızmışım, köyde sevdiğim varmış, beni ondan koparmak için buraya göndermişler, erkeklerle fazla laubali oluyormuşum, ahlaksızmışım... Hak etmediğim daha birçok yalan ve iftira...

Üç yıl, üç farklı ailedeki üç cehennemde yaşadım. Daha bir eve alışamadan başka bir akrabanın evine gönderiliyordum. Herkes farklı davranıyor ve benden birbirine zıt çok farklı davranışlar bekliyordu. Ne yapacağımı, kime karşı nasıl davranacağımı bilemiyordum. Biri beni azarladığında, annemin beni neden evlatlık verdiğini anlayamıyor ve kendi kendime **"Acaba büyük bir suç mu işledim ki beni başlarından attılar?"** diye soruyordum. Sonra da oturup uzun süre ağlıyordum.

Hiç kimse bana yakınlık göstermiyordu. Kimse beni sevmiyordu. Hatta çevremdeki herkes benden nefret ediyordu. Kendi öz annem ve babam beni sevmeyip başkalarına verdikten sonra, başkalarının beni sevmesi zaten beklenemezdi ama ben o kimsesiz halimle yine de bekliyordum. Beni bu durumlara düşüren, hayatımı cehenneme çeviren, küçük çocukların bile hakaretlerine katlanmak zorunda bırakan, bana sevgiyi ve mutluluğu çok gören annemden nefret ediyor, içimde ona karşı bir kin duyuyor ve ondan intikam almak istiyordum.

Yaşamak benim için karanlık bir tüneldi. Tünelin ucunda beni aydınlığa çıkaracak bir tek ışık görünüyordu: OKUMAK. Okumaktan başka çarem ve kurtuluş ümidim yoktu. Zaten bu cehennem gibi olan hayata da okumak için katlanıyordum.

BAZI ÖĞRENCİLER AİLELERİNDEN AYRILIP YATILI OKULA GELDİKLERİ İÇİN ÜZÜLÜYOR, ZAMAN ZAMAN DA AĞLIYORLARDI. ANNELERİNİ, BABALARINI VE KARDEŞLERİNİ ÇOK SEVDİKLERİNİ, ONLARDAN İLK DEFA AYRILDIKLARINI, ONLARI ÖZLEDİKLERİNİ SÖYLÜYORLARDI. BENSE HİÇ ÜZÜLMÜYORDUM ÇÜNKÜ NE BENİ SEVEN VE ARAYAN, NE DE BENİM ÖZLEDİĞİM VE BEKLEDİĞİM BİR ANNEM VARDI. AİLE SEVGİSİNİ TATMADIĞIM İÇİN ARKADAŞLARIMIN AĞLAYIP ÜZÜLMESİ BANA ÇOK ANLAMSIZ GELİYORDU.

Orta üçüncü sınıfın sonunda girdiğim parasız yatılı sınavını kazandım. Sevincimden uçuyordum. İçimden, beni döven, kınayan, bana hakaret eden herkesin yüzüne karşı **"Oh be kurtuldum, sizden kurtuldum, işkencelerinizden kurtuldum."** diye bağırmak geliyordu ama bağırmadım. Ne de olsa beni yanlarına almış, okutmuşlardı.

Artık Yatılı Okuldayım...

Artık kimseye bağımlı olmayacaktım. Hakaretlere uğramak, işkencelere katlanmak zorunda değildim. Bazı öğrencilere hapis gibi gelen yatılı okul benim için özgürlük demekti. Lise birinci sınıfa geçtiğimde bir ilçedeki pansiyonda kalmaya başladım. Pansiyon ne güzel bir yerdi çünkü kimse beni dövmüyor, hatta azarlamıyordu. Hocalarımız bizimle yakından ilgileniyor, her konuda bize yardımcı olmaya çalışıyorlardı. Ben derslerime çok çalışıyor ve en yüksek notları alıyordum. Bir süre sonra hocaların dikkatini çektim. Derslerimde başarılı olduğum için benimle daha çok ilgileniyorlardı.

Bazı öğrenciler ailelerinden ayrılıp yatılı okula geldikleri için üzülüyor, zaman zaman da ağlıyorlardı. Annelerini, babalarını ve kardeşlerini çok sevdiklerini, onlardan ilk defa ayrıldıklarını, onları özlediklerini söylüyorlardı. Bense hiç üzülmüyordum çünkü ne beni seven ve arayan, ne de benim özlediğim ve beklediğim bir annem vardı. Aile sevgisini tatmadığım için arkadaşlarımın ağlayıp üzülmesi bana çok anlamsız geliyordu.

Yaz tatillerinde hiç istemediğim hâlde köyümüze gidiyordum. Çünkü hem okul, hem de pansiyon kapandığı için köye gitmek zorundaydım. Böyle bir zorunluluk olmasaydı kesinlikle gitmezdim. Köyde canım çok sıkılıyordu. Annemle pek samimiyetimiz yoktu; hatta doğru dürüst oturup birlikte konuşacağımız bir konumuz bile yoktu.

Tatillerde kısa bir zaman için sizin de tanıdığınız ve öğrenciniz olan, dayımın kızı Derya ile kalıyordum. Derya akrabalarımın içinde beni en iyi tanıyan ve anlayan insandır, bugüne kadar bana birçok konuda destek olmuştur. Onunla birlikte üniversite sınavlarına hazırlanmaya karar verdik. Onun durumu da oldukça iyiydi. Siz onlara üniversite sınavları için kurslar veriyormuşsunuz. Derslerine çok ciddi ve düzenli bir şekilde çalışıyordu. İkimiz de istediğimiz bir yeri kazanmayı umuyorduk.

İşte benim hayat öyküm... Daha doğrusu dünyamı zindan eden olaya kadarki öyküm. Hani siz demiştiniz ya **"Ayşe, çocukluğundan başlayarak hayatını yazmanı istiyorum. En küçük ayrıntılara kadar her şeyi yazarsan seni daha iyi tanır ve sana yardımcı olmaya çalışırım."** Ben isteğinizi yerine getirdim ve yazdım. Bunları beni doğru değerlendirmeniz için yazdım.

Şimdi Gelelim Asıl Sorunuma...

Şimdi geliyorum asıl sorunum olan olaya ve ondan sonra yaşadıklarıma. Bu arada size şunu da sorayım: Derya'nın anlattığına göre öğrencileriniz size çok uzun mektuplar yazarmış. Siz de onlara çok daha uzun cevaplar yazarmışsınız. Size gelen mektupların içinde benimkinden daha uzun olanı var mı merak ediyorum. Üstelik daha ne kadar yazacağımı da bilmiyorum.

Geçen yaz tatilinde köyde sıkılıp dayımın evine gittim. Orada, dayımın uzun zamandır görmediğim oğlu Nihat'la görüştüm. Beraber gezer, oturur konuşurduk. Nihat, teyzemin kızıyla nişanlıydı. Bir gün bana derdini açtı. Teyzemin kızıyla nişanlanmak istemediğini, yüreğinde ona karşı evlilikle ilgili bir duygu olmadığını çünkü çocukluktan beri bir arada büyüdüklerini, ona hep kardeş gözüyle baktığını anlattı. Annesiyle babasının kendisini zorla nişanladığını da ekledi.

O Güne Kadar Kimse Bana Gülümsememişti...

Çok üzülmüştüm. Bir ara bana dönüp **"Ayşe, ben seni seviyorum."** dedi. Bunu duyunca tuhaf oldum. Ne diyeceğimi, nasıl bir tepki göstereceğimi bilemiyordum. Bir ara göz ucuyla ona baktım, bana gülümsüyordu. Çok etkilenmiştim çünkü bugüne kadar bana böylesine içten bir gülümseme ile bakan olmamıştı. Duygularım ve düşüncelerim birden bire karmakarışık bir hâle geldi. Kimsenin beni sevebileceğine inanmıyorken o beni sevdiğini söylüyordu. Üstelik hem akrabamdı, hem de teyzemin kızıyla nişanlıydı.

İçimde ona karşı bir sevgi oluştu. Özellikle bana bakışından çok etkilenmiştim. Demek sevgi dedikleri ve benim daha önce hiç tatmadığım şey bu kadar güzel bir duyguydu. Nihat her gün bir bahane bulup yanıma geliyordu. Bir keresinde beni pikniğe götürmek istedi. Üvey annemle babam önce izin vermediler. Fakat o ısrar edince karşı koyamayıp beni gönderdiler. Çok eğlendik. Beni salıncaklara bindirip salladı. Kuşlar gibi havalarda uçuyordum, çok mutluydum. Topluluğun içinde beraber geziyor, birbirimizle şifreli kelimeler aracılığıyla konuşuyorduk. Çok da bilgiliydi. Gerçi orta ikiden terkti ama yine de her konuyu biliyordu. Tartışmalara katıldığında karşısındakini hemen yeniyordu. Hele gazetelerdeki bulmacaları iki dakikanın içinde çözüveriyordu.

Bu arada dershaneye yazıldım. Derya'yla beraber çalışmayı planlıyorduk. Nihat artık dayanamadığını ve beni kaçıracağını söyledi, karşı çıktım. Okuyacaktım, bunun için dershaneye bile yazılmıştım. Çocukluğumda okumak için çekmediğim çile, yaşamadığım işkence kalmamıştı. Tünelin sonundaki ışığa yaklaşıyordum. O ise sık sık telefon ediyor, yanıma geliyor ve beni kaçıracağını söylüyordu. Okulum, geleceğim ne olacaktı? Ne yapacağımı bilmiyordum.

O anda yanımda olacak, beni dinleyecek, bana bu zor durumda yol gösterecek bir annemin olmasını çok istedim ama yoktu. Üvey anneme açmayı düşündüm. Sonra vazgeçtim çünkü ben ortaokuldayken hakkımda birçok dedikodu çıkaran bu kadın, anlattıklarımla beni rezil edebilirdi. Hatta beni dövüp evden de kovabilirdi.

Onunla kaçsam tüm hayallerim ve geleceğim yıkılacaktı; kaçmasam beni zorla kaçıracağını söylüyordu. Bu durumda da ondan nefret edebilirdim. Onu seviyordum, ondan nefret etmek istemiyordum. Bunları, bazı şeyleri paylaşabileceğim bir arkadaşıma anlattım. O da bana "Bu işin kaçmaktan başka yolu yok." dedi. Bir gün sonra yine beni kaçırmak istediğini söyledi. Ben de "Tamam, kabul ediyorum, seninle kaçacağım." dedim.

O Akşam Nihat'la Kaçtık...

Bir sonraki akşam bir arkadaşıyla birlikte bize geldi. Onlara bir kahve yaptım. Giderlerken kapıya kadar yolcu ettim. Kapıda bana **"Ayşe, benden istediğin kaseti getirdim. Kaset arabada, gel vereyim."** dedi. Arabanın kapısını açıp beni içine itti. Ne olduğunu anlamadan kendimi arabanın içinde, onun kollarında buldum. Çok heyecanlanmış, korkmuş ve fenalık geçirmeye başlamıştım. O bu durum fark etmiş ve bana sımsıkı sarılmış, beni teselli ediyordu. Sonrasını hatırlamıyorum.

Kendime geldiğimde Pozantı'daydık. Ve oradan bir otobüse binip Niğde'deki bir arkadaşının evine gittik.

Nihat'ı seviyor, ona güveniyordum. Onun yanında kendimi mutlu hissediyor ve başka bir şey düşünemiyordum. Hiçbir şeyden de korkmuyordum.

Eve geldiğimizde Nihat'ın arkadaşı bizi karşıladı. Ailesi yazlığa gitmişti. Biraz sonra o arkadaş da bizi yalnız bırakıp gitti. Biz hemen bizimkilere telefon ettik. Herkesin bize çok kızdığını, Nihat'ın babasının arkamızdan yola çıktığını öğrendik. Birbirimizi sevdiğimiz için hiçbir şeyden korkmuyorduk ama onlar bizi ayırmaya geliyorlardı. Biz ayrılmak istemiyorduk. Akşama doğru Nihat'ın babası geldi. Bizi alıp

Pozantı'daki eve götürdü. Oradan ailemi aradı. Ailem karakola başvurup benim zorla kaçırıldığımı söylemiş. Karakol komutanı hemen gelip teslim olmamızı istiyordu. Çaresizdik, gidecek başka yerimiz yoktu.

Karakola vardığımızda bizimkilerin toplanıp onu dövmek için beklediklerini gördük. Yolda arkamıza düşmüşler, bizi yakalasalarmış Nihat'ı öldüreceklermiş.

Bizi karakola aldılar, oradaki komutanlar Nihat'ın arkadaşlarıydı. Bana, **"Nihat seni zorla mı kaçırdı?"** diye sordular. Ben de **"Hayır, kendi isteğimle gittim."** dedim. Bizi o gece nezarette tuttular. İkimiz de aynı odada kaldık. Nezarette kalmanın hiçbir önemi yoktu bizim için, nasıl olsa birlikteydik. Biz ayrılmayı aklımızın ucundan bile geçirmezken, ailelerimiz bizi ayırma planları kurmuştu. Ayırsalar bile ben tekrar kaçacaktım.

Ertesi gün bizi savcılığa götürdüler. Orada aileleri barıştırmak için uğraştılar ama bizimkiler kabul etmiyorlardı. Daha sonra ifadelerimiz alındı. Bana "Tamam, sen evine gidebilirsin." dediler. Karakol komutanı yanımıza gelip "Birbirinize söyleyecekleriniz varsa söyleyin." dedi. Birbirimizin gözüne bakakaldık. Söyleyeceklerimiz boğazımıza düğüm olmuştu. Sonunda onu hapse attılar, ailem kabul etmediği için beni de dayımın evine götürdüler.

Dayım, eşi ve çocukları bana çok iyi davranıyorlardı. Dayım bana Nihat'ın çok çapkın biri olduğunu, herkese kötülük yaptığını, birçok kızı kandırdığını ve beni kesinlikle ona vermeyeceğini söylüyordu. Ben onun hapisten bir an önce çıkmasını ve hemen kavuşmamızı beklerken, dayım beni ondan kurtarıp uzaklaştıracağını söylüyordu.

Nihat'ın çapkın olduğunu biliyordum. Çok iyi bildiğim bir şey daha vardı: Beni seviyordu. Dayım beni evlatlık olarak üzerine almak istiyordu. Ancak bir şartı vardı: Mahkemede zorla kaçırıldığımı ve tecavüze uğradığımı söyleyecektim.

Hayır, hayır bunu yapamam. Öleceğimi bilsem yine de böyle ifade veremem çünkü ben onu çok seviyorum. Onun hapislerde çürümesine razı olamam. Ben dışarılarda gezerken onun demir parmaklıklar arasında çürümesine dayanamam. Eğer kaçmamız suçsa ikimiz de suçluyuz. Kaçmayı ben de istedim. Beni zorla kaçırmadı ki!

Dayımla birkaç kere baş başa konuştuk. Bana Nihat'ın uyuşturucu kullandığını, kadın sattığını, hırsız ve dolandırıcı olduğunu söylüyor. Ben dayıma inanmıyorum. Beni ondan soğutmak için bu yalanları uyduruyor. Benim aklıma bir de şu soru takılıyor: Mademki bütün bu kötü özellikler onda vardı, neden daha önce ortaya çıkmadı da şimdi çıkıyor?

Dün akşam dayımın kızı olmayı kabul ettim. Ama onun istediği dilekçeyi vermeyeceğim, ömrümün sona ereceğini bilsem de…

Şimdi anladınız mı beni? Öğrencilerinizin olduğu gibi benim de sorunlarımı çözebilecek misiniz? Ben doğarken güneş batıyormuş. Şimdi de hayatım, geleceğim batıyor. Zaten bu güne kadar hep karanlıklarda yaşadım.

Şimdi Dağ Keçisi'ni Tanıdınız mı?

"Dağ Keçisi"ni tanıdınız mı şimdi? Bana **"Yaz"** dediniz. Yazdım. "Hem de en küçük olayları bile anlat." dediniz, anlattım işte. Umarım 18 yıllık hayatıma ayna tutabilmişimdir.

Lütfen bana yardım edin! Her şey çok kapalı, her yer karanlık, yolumu bulamıyorum. Daha doğrusu hangi yolu aradığımı bile bilmiyorum. Bir umut verin ne olur!

Gidebileceğim güvenli bir aile ortamım yok. Üvey annemle babam beni kabul etmiyor. Gerçek anneme gitsem beni öldürür. Çok çaresizim. Kendimi yürüyen bir ceset gibi hissediyorum. Artık yaşamak istemiyorum. Ümitlerim sönüyor. Üniversite, dershane, gelecek hep silik bir hayal gibi geliyor. Ve gittikçe uzaklaşıyor.

İki gün önce sizlerle konuşunca epeyce rahatlamıştım. Yaşadıklarımı sizinle paylaşınca şimdi daha çok rahatladım, içim açıldı.

Size son olarak şunu da soracağım: Acaba Nihat çok kötü biri de ben onu çok sevdiğim için gerçekleri göremiyor muyum?

Bana yardımcı olacaksınız değil mi? Siz de bana yazar mısınız? Hemen yazmaya çalışın. Yoksa çok geç olabilir!

Yeter artık yeter, yeteeeer, yeteeeeeer!

Ben şimdi ne yapacağım? Bunu kendim bile bilmiyorum.

Ayşe

VE İŞTE SEVGİYLE BESLENMEYEN, KENDİSİNİ SEVECEK BİR KİMSESİ OLMAYAN, HİÇ KİMSEDEN İNSANLIK NAMINA GÜLER YÜZ GÖRMEYEN VE KENDİSİNE GÜLEN İLK KİŞİNİN KENDİSİNİ SEVDİĞİNİ ZANNEDİP ONUN PEŞİNDEN YANLIŞ YOLLARA GİDEN BİR GENÇ KIZIN DRAMI…

AYŞE KÖYE DÖNÜYOR...

İşte size Ayşe'nin mektubu...

İşte size, mutlu bir aile ortamında yaşamadan büyüyen bir çocuğun öyküsü...

İşte size, okumak uğruna, kendisini sevmeyen ailelerin yanında bir sığıntı gibi yaşamak zorunda kalan bir öğrencinin öyküsü...

İşte size, anne özlemiyle yanan, bunaldığında annesini yanında isteyen ama bir türlü bulamayan evlatlık bir çocuğun öyküsü...

Ve işte sevgiyle beslenmeyen, kendisini sevecek bir kimsesi olmayan, hiç kimseden insanlık namına güler yüz görmeyen ve kendisine gülen ilk kişinin kendisini sevdiğini zannedip onun peşinden yanlış yollara giden bir genç kızın dramı...

Ayşe'nin mektubunu okurken iliklerime kadar titredim, ürperdim. Masum bir minik yavru böylesine bedbaht bir hayat yaşamamalıydı. Birkaç gün Ayşe'ye nasıl yardımcı olabileceğimi düşündüm. O yaşadıklarını anlatırken sıkılsa da mektupta her şeyi çok rahat anlatmıştı. Ben tekrar konuşmak için gitsem belki yine rahat olmayabilirdi. Bu yüzden ona uzunca bir mektup yazmaya karar verdim.

Okulda Derya'ya Ayşe'nin mektubuna cevap yazacağımı söyledim. Ayşe'nin son durumunu sordum. O da bana "Hocam sizden sonra çok daha büyük olaylar oldu. Ayşe dayanamayıp üç gün önce köye gitti." dedi.

İntihar Etmiş...

Mektubu yazmaya başladım. Ancak o akşam değil, ikinci akşam bitirebildim. Mektubu Ayşe'ye nasıl ulaştıracağımı sormak için Derya'yı aradım. Telefonda sesi çok kötüydü.

— İyi akşamlar, ben Alişan.

— İyi akşamlar hocam. Nasılsınız?

— İyiyim canım. Ayşe'nin mektubunu bitirdim. Onun yazdığından daha uzun bir mektup oldu. Bu mektubu Ayşe'ye nasıl ulaştıracağım? Herhâlde şimdi köyde mektup bekliyordur.

— Hayır, hocam, beklemiyor.

— Beklemiyor mu?

— Evet beklemiyor.

— Peki neden?

— ...

Ses yoktu. Derya cevap vermedi. Konuşmasını bekledim. Konuşmadı.

— Derya orda mısın?

— ...

Yine ses yoktu. Kulağıma ağlama sesi geliyordu. Derya ağlıyordu.

— Ne oldu canım, lütfen anlatır mısın?

Derya kesik kesik konuşmaya başladı:

— Az önce... köyden... haber... haber geldi hocam. Ayşe intihar etmiş.

— Neee? İntihar mı etmiş?

— Evet hocam.

— Yani şimdi Ayşe öldü mü?

— Evet, ölmüş. Onun için size **"Artık mektup beklemiyor."** dedim.

Gözlerimin önüne, dağlarda kır çiçeklerinin arasında şarkı söyleyerek koyun güden, ip atlayan, sonra ortaokula giderken hep dayak yiyen, horlanan, dışlanan, liseyi yatılı okuduğu için mutlu olan, üniversite hayalleriyle dershaneye yazılan, kendisine gülümseyen ilk erkeğe âşık olan, onu sevmenin cezasını hayatıyla ödemek zorunda kalan Ayşe geldi. Sanki kapıda durmuş, ağlıyordu.

— Ne diyeceğimi bilemiyorum Derya. Başınız sağ olsun, çok üzüldüm.

— Ona yaptıklarımız gözlerimin önünden gitmiyor hocam. Hele attığım tokadı hiç unutmayacağım.

— Ona tokat mı attın?

— Evet, hocam, sizinle konuştuktan sonra çok büyük olaylar oldu demiştim. Ben, annem, babam ve akrabalarımızdan birçoğu hepimiz Ayşe'yi dövdük. Bunları size birkaç gün sonra anlatırım.

— Cenaze kaldırılmış mı?

— Hayır, yarın kaldırılacak. Biz sabah erkenden köye gideceğiz.

— Peki canım. Allah sabırlar versin. Köyden döndükten sonra görüşürüz. İyi geceler. Tekrar başınız sağ olsun.

— Siz sağ olun hocam. İyi geceler.

Telefonu kapattıktan sonra oturduğum koltuktan bir süre kalkamadım. Ayşe'nin mektubunda anlattığı yaşamı, bir kere daha canlandı gözlerimin önünde sonra kalkıp ona yazdığım cevabı aldım. Okumak için açtım:

"Merhaba Sevgili Ayşe" diye başlayan ilk cümleyi okuduğumda ağlamaya başladım. Ayşe artık beni duyamayacak, mektubumu okuyamayacaktı. Sanki mezarının başına gitmişim ve Ayşe'de oradan mektubu dinlemek için beni karşılamış gibi düşünerek mektubu okudum.

Derya birkaç gün sonra okula geldi. Elinde bir zarfla yanıma yaklaştı ve "Ayşe'yle ilgili her şeyi bu mektuba yazdım." dedi.

Derya mektubuna Ayşe'nin kaldığı yerden başlamıştı:

DERYA AYŞE'Yİ ANLATIYOR...

Merhaba Hocam,

Ayşe, size yazdığı mektubu bana da okuttu. Onun yazdıklarını ben tekrar etmeyeceğim.

Nihat Ayşe'ye onu sevdiğini söylediğinde Ayşe'nin duyguları karmakarışık olmuştu; çünkü o bir insanın kendisini sevebileceğine inanmıyordu.

Aslında Ayşe, çok saf bir kızdı. Nihat da tam tersine çok hain biriydi. Ayşe'nin saf bir kız olduğunu bildiği için ondan yararlanmak istemişti. Nihat daha önce birkaç kızı daha böyle kandırıp onları kötü yollara düşürmüştü. Biz Ayşe'ye onun nasıl biri olduğunu anlatmaya çalıştık ama dinletemedik; çünkü Ayşe'nin sevgisi gerçekleri görmesini engelliyordu.

Babam olaydan sonra Ayşe'yi bize getirdi. Onu ilk gördüğümde donup kalmıştım. Ne diyeceğimi bilemiyordum.

Babam Ayşe'nin bunalımda olduğunu, hiç konuşmadığını, Nihat'ın yalanlarla onu kandırdığını, Ayşe'yle konuşarak kendisini Nihat'tan vazgeçmeye ikna etmemi istediğini söyledi. Bu yaşta böyle bir sorumluluk almak bana zor ama ilginç gelmişti.

Ayşe uzun zaman hiç kimseyle konuşmadı. Dinlenip toparlanması gerekiyordu, bu yüzden üzerine gitmedik. Sonra onunla bir odaya kapandık. Kendisine konuşmak isteyip istemediğini sorduğumda, birisiyle konuşmaya ihtiyacı olduğunu söyledi. Her şeyi baştan ve en doğru bir şekilde anlatması için kendisinden söz aldım. Çok durgundu, söze nasıl başlayacağını bilemiyordu. Kendisini iyi hissetmediğini anlamıştım. Yüzüme bakamıyordu. İçine düştüğü durumdan çok utanıyordu.

O konuşmayınca söze ben başladım. Sorduğum her şeyi anlattı. Sonra hıçkırarak ağlamaya başladı. Yanına yaklaşıp elimi omzuna koydum. Bana döndü, başını kaldırıp sarıldı. Hıçkırıkları devam ediyordu. "Annem de beni sevip böyle kucaklasaydı, benimle ilgilenseydi başıma böyle şeyler gelmeyecekti" deyince ben de ağlamaya başladım. Başını omzumdan kaldırıp bana baktı ve "Ağlıyorsun benimle beraber, benim için ağlıyorsun." dedi. Çok şaşırmıştı. Bir süre öyle kaldı.

Birkaç dakika sonra anlatmaya yeniden başladı. Ailesinin ilgisizliği ve sevgisizliği yüzünden bu durumlara düştüğünü bir daha vurguladı. Ona kızmadım. Kendimi onun yerine koyup anlamaya çalıştım. Aynı ilgisizliği ve sevgisizliği bazen ben de yaşıyordum. Ona hak verdim ve kendisini teselli etmeye çalıştım. Birazcık da olsa kendine gelmişti. Olanlardan ailesini sorumlu tutuyor, onları asla affetmeyeceğini söylüyordu. Kendisine her şeyin zamanla yoluna gireceğini söylediğimde, "Ben de tüm kalbimle bunu istiyorum" dedi. "Bunu duyduğuma sevindim. Artık bundan sonra her şeyle başa çıkabilirsin." diye cevap verdiğimde hiçbir şey demeden başını öne eğdi. Belki de bana inanmıyordu. "İyi geceler!" deyip odadan çıktım.

Duygularım ve düşüncelerim karmakarışık olmuştu. Ne hissettiğimi bilemiyordum. Acaba ona söylediklerime kendim inanıyor muydum? Her şey yoluna girip mutlu olabilecek miydi? Bu mümkün olsa bile eski Ayşe geri gelmeyecekti. Onu bu hâliyle biz kabul etmiştik ama ailesi kabul etmiyordu. Bu düşünceler arasında uyuyakalmıştım.

Ablası Kuduz Köpekler Gibi Saldırdı Ayşe'ye...

İki gün sonra ablası geldi. Biz içerde otururken kapı birdenbire açıldı. Ablası içeri girdiğinde kudurmuş köpekler gibiydi, gözlerinden nefret fışkırıyordu sanki. Ayşe'ye yaklaşıp suratına tükürdü, üzerine saldırıp tartaklamaya başladı. Çok sinirlenmiştim. Onu kolundan tutup çektim. Ayşe çok korkmuş, neye uğradığını şaşırmıştı. Ablası bağırıyordu: "Hiç utanmadın mı alçak, bizi, ailemizi, şerefimizi hiç düşünmedin mi adi köpek?"

O bunları söyleyince dayanamayıp karşısına geçtim: "Kes, kes sesini" Sen ne yüzle konuşuyorsun ki? Ona böyle hakaret etme hakkını nereden alıyorsun? Bugüne kadar neredeydin, sorabilir miyim? Abla olduğunu bu olay başına gelince mi hatırladın? 18 yıldır bu kız neler yaptı, neler çekti, nasıl okudu, nasıl yaşadı diye hiç düşündü mü? Arayıp sordun mu, kendisiyle ilgilendin mi? Şimdi gelip karşısına geçmiş hiç utanmadan "Neden bizi, şerefimizi düşünmedin?" diye soruyorsun: "Söyler misin Allah aşkına, sen onu hiç düşündün mü?" diye avazım çıktığı kadar bağırdım. Bunun üzerine o, "Böyle bir şey olduğunu neden söylemedi? Söyleseydi yardımcı olurduk, şimdi daha mı iyi oldu?" dedi. Ben iyice öfkelenmiştim. "Keser misin artık! O, her zaman derdini size anlatmayı istedi ama sizi yanında bulamadı. Yoktunuz. Çok uzaklardaydınız. Annesinin onu evlatlık verdiği kişilerin ona gerekli sevgiyi vermediğini hiç düşündün mü? Sen annenle beraberken sevgisizliğin acısını nereden bileceksin?" dedim.

Ablası Ayşe'ye dönüp "Diyelim ki bizi düşünmedin! Peki, okulunu da mı hiç düşünmedin? Bize okumak istediğini söylemiştin. Kaçmak, okuldan daha mı üstün geldi? Geleceğini de mahvettin. Sen, kendini, geleceğini düşünmezsen biz ne yapalım, kendi kaderini kendin çizdin." deyince ikimiz de sustuk. Ayşe onun yerine cevap vermemi bekler gibi bana baktı. Hiçbir şey diyemedim. Bu konuda ablası haklıydı. Öyle ya, geleceğini düşünmeyene biz ne yapabilirdik? Ablası gitmek için kapıya yöneldi. Tam çıkarken durup tekrar Ayşe'ye döndü. Böyle bir şey yapacağını hiç ummadığı için düşmanına bakar gibi bakıyordu Ayşe'ye. İlgisizlik ve sevgisizliğin insanı her türlü arayışa itebileceğini, sevgiye susamış insanın, sonunu düşünmeden her türlü davranışa girişebileceğini bilseydi ona böyle bakmazdı.

Beni en çok düşündüren konu, Ayşe'nin okuluydu. O okumayı çok istiyordu. Çocukluğundan beri okuyabilmek için katlanmadığı sıkıntı kalmamıştı. Ama sonunu düşünmeden yaptığı bu hatalı davranış onun okul hayatını da noktalamıştı. Ben üniversite sınavları için hazırlık yaparken o beni kıskanıyordu. Bunu seziyordum. Ailem okumam için bana her imkânı sağlıyordu. O ise ailesinden böyle bir destek görmemişti. Ailesi var mıydı ki ona destek olsun! Destek vermeyi bırakın karşısına birçok da engel çıkarmışlardı. O, engelleri hep aşmıştı. Sıkıntılı hayatından ancak okuyarak kurtulacağına inanıyordu. Bu yüzden dershaneye bile yazılmıştı ama olmadı işte.

Ayşe'yi ne öz annesi kabul ediyordu ne de üvey annesi, kızcağız ortada kalmıştı. Babam Ayşe'nin kaydını üzerine alabileceğini ancak bir şartı olduğunu söyledi: Ayşe mahkemede babamın istediği gibi ifade verecekti. Bu ifadeye göre de Nihat en az on yıl hapis yatacaktı.

Ayşe benimle konuşmak istediğini söyledi. Bana dedi ki: **"Onu suçlamamı, onun beni zorla kaçırıp tecavüz ettiğini söylememi istiyorlar. Eğer sevmek suçsa onun kadar ben de suçlu değil miyim? O beni zorla kaçırmadı, ben kendi isteğimle gittim. Şimdi bütün suçu ona yük-**

leyemem. İleride vicdan azabı çekmek istemiyorum. Evet, ben de onu mahkûm ettirmek isterim ama..."

Sustu. Suçun hepsini ona atmak istemiyordu. Kendisinin de suçlu olduğunu itiraf etti. Bunun üzerine ben de ona hiçbir şey söylemedim.

Ayşe değişmeye başlamıştı. Artık hiçbir şeye aldırmayan, vurdumduymaz bir kız olmuştu. Sanki her şeyi bir anda unutuvermişti. Bu durumu beni çıldırtıyordu. Böyle durumlardaki bir insan diline sahip olur ve biraz susar, değil mi? O ise sürekli konuşuyor ve her konuda bize akıl vermeye kalkışıyordu. Yaptıkları beni için için eritiyor ve onun yerine ben eziliyordum. Annem, onun hiçbir şeyi takmayan bu umursamaz tavrına üzülmüş ve hastalanmıştı. O hiç kimseye "Eyvallah" etmemeye devam ediyordu. Sanki o bizim yanımızda değil de biz onun yanında kalıyorduk. Acaba ona çok mu yüz vermiş ve onu çok mu serbest bırakmıştık?

Ayşe'ye Tokat Attım...

Yaptığı hatayı yüzüne vurmak istemiyorduk. Başından hiçbir şey geçmemiş gibi bizden her şeyi istiyordu. Misafirimiz olduğu için onu kıramıyorduk. Alamadığımız veya yapamadığımız bir şey olduğunda bize surat asıyor ve bağırıyordu. Evet evet, bağırıyordu. Bizi suçlandırmaya çalışıyordu. Yine böyle bağırdığı bir gün dayanamayıp kendisine bir tokat attım. Bunu isteyerek yapmadım elbette ama bu tokadı hak etmişti. Annemle babam attığım tokada ses çıkarmadılar.

Ayşe bir süre benimle konuşmadı. Evde hep suratı asık durdu. Bir gün dayanamayıp yanına gittim: "Sana attığım tokatta haksız mıydım? Annemle babamın karşısında senin yerine ben eziliyorum. Ben annemle babamın karşısında doğru dürüst konuşmuyorken sen kalkıp çatır çatır cevap veriyorsun. Kırılmayasın, üzülmeyesin diye sesimizi çıkarmıyoruz ama sen tepemize çıktın!"

Ayşe başını önüne eğdi. Söylediklerime cevap vermedi.

Bir gün babam Ayşe'nin bundan sonra sürekli olarak bizde kalacağını söyledi. Çok şaşırmıştım, babama karşı çıktım. Ayşe'nin bizde kalmasına kesinlikle razı olamazdım. Hele şimdi hiç olmazdı. Tam okul bitecek ve ben sınavlara hazırlanacakken onunla birlikte kalamazdım.

Ayşe daha önce ortaokuldayken de bizde bir yıl kalmış ve bize yapmadığını bırakmamıştı. Babam, Ayşe'yi çekemediğim ve onu kıskandığım için birlikte kalmak istemediğimi söylemişti bana. Hayır, bu kesinlikle doğru değildi. Ben onu seviyordum. Ancak o bize dikleniyor, ukalalık yapıyor, bu davranışlarıyla da herkesin gözünden düşüyordu. Üstelik beni aşağılıyor ve ezmeye çalışıyordu. Bu nedenlerle babama karşı çıkınca hiddetlenip üzerime yürüdü. Ancak ben korkmadım; çünkü benim geleceğim, üniversite hayatım söz konusuydu. Onunla bu şartlarda aynı çatı altında kalmak benim geleceğimin kararması demekti.

Son günlerde iyice sinirli olmuştu. Annesinin onu bir başkasına vermesi, Ayşe'nin de bunu bir türlü kabullenemeyişi onun hırçınlığına neden oluyordu. O annesinden uzak, yabancı evlerde ve ellerde kalmayı hazmedemiyordu. Onu anlıyor ve kendisine yardımcı olmaya çalışıyordum. Ona kucak açtım, sevgimi paylaşmak istedim; ancak karşılık alamadım. Başka ne yapabilirdim ki?

Ben Ayşe'nin kalışına itiraz edince üvey annesine verilmesi kararlaştırıldı. Tekrar köye dönecekti. Zavallı Ayşe oralarda ne yapacaktı? Üstelik artık okuma imkânı da yoktu.

Ayşe köye gitmeden iki gün önce babam onunla konuşmak istediğini söyledi. Babam bizleri nasıl seviyorsa yeğenlerini de öyle severdi, onları bizden ayrı tutmazdı.

Onları odada yalnız bıraktığımda korkmaya başladım. Ya babam sinirlerine hâkim olamaz da elinden bir kaza çıkarsa? Ben böyle düşünüp merakla beklerken babam odadan çıktı. Son derece neşeliydi. Herhâlde Ayşe'den istediği cevabı almıştı. Evet yanılmamıştım, Ayşe mahkemede babamın istediği gibi ifade vermeyi kabul etmişti. İnşallah Ayşe düşüncesini değiştirmez de babama karşı yalancı çıkmamış olur.

Olanları Babama Anlattım...

Akşama doğru durgunlaştı, odasına çekildi. Dayanamayıp yanına gittim. Ağlıyordu. "Ne oldu Ayşe, neden ağlıyorsun?" diye sordum. "Onu seviyorum, onun hapislerde çürümesine razı olamam. Bu yüzden dayımın istediği ifadeyi vermeyeceğim." dedi. Cevabı suratıma bir balyoz gibi inmişti. Onu çok sevdiğini, eğer yine kaçırmak isterse seve seve kaçacağını da ekleyince çileden çıktım. Artık dayanamıyordum. Olanları hemen gidip babama anlatmak istedim. Eğer bunu yaparsam babamın dayağa başvuracağından emindim. Sevgiye saygı duyuyordum ama bunların sevgisini kesinlikle reddediyordum; çünkü Ayşe'nin sevdiği kişi nişanlıydı. Üstelik nişanlısı da teyzemin kızıydı. İşte ben böyle bir sevgiye saygı duymazdım.

Ayşe babamı, sülalemizi ve şerefimizi düşünmeden kaçmış ve hepimizi rezil etmişti. Buna rağmen babam onu seviyor ve kendisine sahip çıkıyordu. Bunları düşündükten sonra babama anlatmaya karar verdim ve her şeyi anlattım. Babam küplere bindi, hışımla kalkıp Ayşe'nin bulunduğu odaya gitti. Şiddete başvuracağını anlamıştım. Böyle düşünürken içerden babamla Ayşe'nin sesleri geliyordu. Ayşe bağırarak yardım istiyordu.

Annemle amcam koşarak odaya girdiklerinde babam Ayşe'yi hırpalıyordu. Ayırmaya çalıştılar ama nafile. Babam oldukça kızmıştı. Ben içerde korkudan titriyor ve kendimi vicdanımla yüzleştirmeye çalışıyordum. Babama anlatmakla acaba iyi mi etmiştim, yoksa kötü mü?

Babamı dışarı çıkardılar. Biz annemle Ayşe'nin yanına gidip oturduk. Başı yine öndeydi. Biraz sonra gözlerini kaldırıp bizim kendisine baktığımızı görünce birdenbire "Bakmayın bana, bakmayın bana, öyle bakmayın!" diyerek ayağa fırladı.

İyice bunalmıştı. Köye, üvey annesinin yanına gitmek istemiyordu. Annesi zaten kabul etmiyor ve eğer gelirse öldüreceğini söylüyordu. Çaresiz kalmıştı.

Ayşe bir cahillik yapmıştı ve bunun bedelini ağır bir şekilde ödüyordu. Buna rağmen Nihat'ın yanında kalmayı istiyordu. Onun bunun yanında itilip kakılmaktansa horlanıp dışlanmaktansa Nihat'la kalmayı tercih ediyordu ama babam buna izin vermiyordu.

Sonunda köye gitti. Giderken bana son defa baktığında bir şey söyleyecekti. Yanıma yaklaştı ama konuşmadı.

Köye gittikten bir gün sonra ölümü seçmişti. Üvey annesinden habersiz zehir içerek intihar etmişti. Herhâlde başkalarının suçlayıcı bakışları karşısında her gün bin kere ölmektense bir kere ölmeyi tercih etmişti.

Bu dünyaya acı çekmek için gelmemişti ama öldüğü güne kadar her anı acı çekerek geçmişti. Umarım gittiği yerde mutlu olur.

Sevgilerimle hocam...

KALPLERİNE VE RUHLARINA GİREMEDİĞİMİZ, ARKADAŞ VE DOST OLAMADIĞIMIZ, NOTLA BASKIYLA DİSİPLİN KORKUSUYLA SİNDİRDİĞİMİZ ÖĞRENCİLERİMİZİN MUTLAKA BİZİM DIŞIMIZDA BAŞKA ARKADAŞLAR ARAYACAĞINI, DOST ZANNETTİĞİ KİŞİLERİN KENDİLERİNE ZARAR VEREBİLECEĞİNİ ASLA UNUTMAMALIYIZ.

AYŞE ÖLMEDİ, ONU BİZ ÖLDÜRDÜK!

Bir genç kız öldü.

Susuz kalan bir gül gibi soldu.

Bakımsız kalan bir fidan gibi yok oldu.

Acaba "Öldürüldü!" desem hatta **"Onu biz öldürdük!"** desem daha doğru olmaz mı?

Ayşe, annesinden babasından ihtiyacı olan sevgiyi alamayan bir çocuğun yok oluşunun çarpıcı bir örneğidir.

Bizler, anne-baba olarak kucağımıza alıp sevmediğimiz, öpüp okşamadığımız, bir tatlı tebessümü dahi esirgediğimiz, dost olamadığımız nice Ayşe'lerin ölümüne neden olabileceğimizi düşündük mü? Aradığı güveni ailesinde bulamayan çocuklarımızın sevgi maskesi giydirilmiş sahte bir gülücüğe, tatlılıkla süslenmiş bir çift söze nasıl da kanıp gidebileceğini anlamamız için daha kaç Ayşe'nin evden kaçması, intihar etmesi gerekiyor bilmem ki?

Yine bizler, öğretmen olarak ailesinden çok bizimle beraber olan öğrencilerimizi ne kadar dinleyip anladığımızı, onlarla ilgilendiğimizi ve kendilerini ne kadar tanıyabildiğimizi bir daha gözden geçirmeliyiz, diye düşünüyorum.

Kalplerine ve ruhlarına giremediğimiz, arkadaş ve dost olamadığımız, notla baskıyla disiplin korkusuyla sindirdiğimiz öğrencilerimizin mutlaka bizim dışımızda başka arkadaşlar arayacağını, dost zannettiği kişilerin kendilerine zarar verebileceğini asla unutmamalıyız.

Ayşelerin intihar etmediği, Ahmetlerin evden kaçmadığı, Serpillerin kötü yola düşmediği, Sevimlerin **"sevgi"** diye feryat etmediği, Yılmazların sigara ve uyuşturucuya alışmadığı bir dünya için çabalamak bizim sorumluluğumuzda değil mi?

Anne-baba olarak çocuklarını azarlayıp dövmemek, onları sevmek, onların ihtiyacı olan birçok şeyi kendilerine sunmak için uğraşmak en azından yüreğimizdeki sevginin tercümanı olan gözlerle bakmak bizim elimizde değil mi?

Öğretmen olarak öğrencilerimize ilgisiz kalmamak, onlara anlayışlı ve hoşgörülü davranmak, onları geliştirmek bizim asli işimiz değil mi?

Eee, hadi ne duruyoruz öyleyse?

Hadi hemen şimdi, evet evet bu satırları okurken kalkıp çocuklarımıza, öğrencilerimize bir adım atabiliriz. Çok farklı bir davranış sergileyip onlara sürpriz yapabiliriz.

Hâlâ yerinizde mi oturuyorsunuz?

Şunu da eklemeden geçemeyeceğim.

Genç kızlar ve delikanlılar olarak aynanın karşısına geçip kendimize bir "Merhaba!" demenin zamanı geldi. Genç olmak sadece şımarmak, özgürlük adına sınırsız davranmak anlamına gelmiyor elbette. Genç olmak, kendimizin farkına varmak demektir. Duygu, düşünce ve ideallerimiz arasında bir denge kurup hayatın gerçekleri ile bir an önce tanışmak, tek başına çıkacağımız hayat yolculuğuna hazırlık yapmak demektir.

Derya kendinin farkına vardı, hayatına kendi yön verebildiği sürece mutlu olabileceğini gördü. Bunun sonucunda başkalarına da iyilik yapmaya başlayan bir genç kız oldu.

Evet, Derya bunu başardı.

Nasıl mı? İşte öyküsü:

MAHKEME SALONUNDA
OTURURKEN BABAMIN RENKTEN
RENGE GİRDİĞİNİ FARK ETTİM.
AĞLIYORDU BABAM. GÖZYAŞLARI
AYŞE İÇİN Mİ AKIYORDU,
YOKSA ONA YAPTIKLARINA
PİŞMAN OLDUĞU İÇİN Mİ, BUNU
BİLMİYORDUM AMA AĞLIYORDU.

KÜÇÜK DERYA'NIN BÜYÜK ZAFERİ...

Merhaba Hocam,

Size yazdığım son mektuptan beri bir takım yeni gelişmeler oldu. Bunlara geçmeden önce şunu belirtmek istiyorum. Sizleri, okulu, arkadaşlarımı çok özledim. O güzel günleri yaşarken fark edememişiz. Arkadaşlarımızla olan sıcak ilişkilerimizi, sizinle yaptığımız sohbetleri şimdi hiçbir yerde bulamıyorum. Keşke imkânımız olsa da liseye tekrar dönebilsek.

Neyse hocam, geçmişi bugüne getirmek mümkün değil. Benimki sadece bir özlem işte. Bundan sonra bugün, hep bugün var. Yarını da pek düşünmek istemiyorum. Daha doğrusu yarını düşünerek, gelecek endişesiyle bugünümü boşa geçirmek istemiyorum.

Size Nihat'tan söz etmek istiyorum:

Ayşe intihar ettikten sonra babam, Nihat'la ilgili şikâyet dilekçesini geri aldı. Zaten şikâyetçi olunmasaydı bile o iki yıl hapis yatardı. Üstelik bir de Ayşe'yi bulamayacaktı.

Ben, onun hapisten çıkınca vicdan azabı duyup duymayacağını merak ediyorum. Belki de hapisten çıkınca mezara gidip vicdanını rahatlatabilirdi. Acaba o Ayşe'nin sevgisine layık bir insan mıydı?

Ayşe ölmeden önce kendisine mahkeme kararı ile kemik testi yapılmıştı. Öldükten iki ay sonra da mahkemesi yapıldı. Duruşma günü hepimiz oradaydık. Nihat salona girdiğinde donup kaldım. Ne hissettiğimi şimdi tam olarak hatırlamıyorum. Biz Ayşe'nin ölümüyle sarsılmış, acılar içinde kavranırken o hiçbir şey olmamış gibi sırıtıyor, sanki bizimle dalga geçiyordu.

O an "Allah kahretsin, bu ne biçim insan? Hatta insan bile değil bu yaratık." diye düşündüm. Sevdiği kız ölmüştü ve onda hiçbir üzüntü işareti yoktu. Yaptıklarından utanmayan bu yaratık, Ayşe'nin ölümüne de üzülmüyordu. Yüzünden anladığım kadarıyla onun düşündüğü tek şey hapisten kurtulmak ve başka kızları da tuzağa düşürmekti.

Zavallı Ayşe de onun kurbanı olmuştu. Ayşe onun kurbanı olmayı kendi isteğiyle seçti. Nihat, saf ve çocuksu duygularından yararlanarak onun yaşamını mahvetti.

Mahkeme salonunda otururken babamın renkten renge girdiğini fark ettim. Ağlıyordu babam. Gözyaşları Ayşe için mi akıyordu, yoksa ona yaptıklarına pişman olduğu için mi, bunu bilmiyordum ama ağlıyordu.

Karar...

Biz böyle düşüncelere dalmışken hâkimin **"Karar!"** sesi ile ayağa kalktık. Karar açıklandığında neye uğradığımı şaşırdım çünkü bu insanlık düşmanı yaratık delil yetersizliğinden serbest bırakılmıştı. Elini kolunu sallayarak salondan çıktı. Yanımızdan geçerken durup; "Size söylemiştim, benim kollarım uzundur!.." demez mi? O zaman anladım ki adalet yerini bulmadı. Demek ki bu alçak, mahkemeyi yanıltacak şeyler yaptı.

O anda babamın yere yığıldığını gördüm. Yanına koştum. Öldü zannettim, neyse ki sadece bayılmıştı. Hastaneye kaldırdığımızda komaya girmişti. Bir buçuk ay hastanede kaldı. Dili de tutulmuştu. Babama olan duygularım karmakarışıktı. Ona acıyacak mıyım yoksa Ayşe'ye yaptıklarından dolayı kızacak mıyım bilmiyordum. Suçlu kimdi, kimdi Ayşe'yi öldüren suçlu, kimdi?

Ayşe kaçıp yakalandıktan sonra ilk bize getirilmişti. Babam onun nüfus cüzdanını bana verip "Bunu bir köşeye kaldır, kaybolmasın." demişti. Yanında bir de kart vardı. O zaman hiç dikkat etmeden kaldırmıştım onları.

Bir gün evde oturuyordum. Nihat'ın serbest bırakılışını hazmedemiyordum. Öfkeyle düşünürken aklıma o kart geldi. Baktım, üzerinde bir telefon numarası vardı. Numarayı çevirdim. Karşıdan gelen sesle beynimden vurulmuşa döndüm çünkü aradığım yer karakoldu. O an beynimde şimşekler çaktı, düğüm çözülür gibi oldu. Onun serbest bırakılmasında rolleri olanlar ortaya çıkmıştı.

Hiç kimseye danışmadan doğruca mahkemeye gittim. Olanları anlatıp duruşmanın tekrar yapılması için bir dilekçe verdim. Eğer bunu ailemden birine söyleseydim kesinlikle kabul etmezdi ve bana izin vermezdi. Pisliğe bulaşmak, başlarına bela almak istemezlerdi.

Hâlbuki ben yapılan bir haksızlığa dayanamazdım. Haksızlığa uğrayan ve sonunda hayatını kaybeden bir genç kız vardı. Onun hayalleri, umutları vardı. Okumak, peşini bırakmayan çilelere "Dur!" demek istiyordu ama Nihat onun umutlarını yıktı, hayatını söndürdü. Başkalarının hayatını da söndürmesine engel olmalıydım. Olanları anneme anlatıp bana yardımcı olmasını ısrarla istedim, kabul etti. Babamla da konuştuk ve yeni bir şikâyet dilekçesi verdik.

Her şey düzene girmişti. Mahkeme gününü beklerken, evimize tehdit telefonları gelmeye başladı. Olaylar beni oldukça yıpratmıştı. Sonucun ne olacağını bilmiyordum. Bazen onun bana veya aileme zarar vermesinden korkuyordum. Onun bizi tehdit edecek kadar korktuğu şey önemli olmalıydı, etekleri tutuşmuştu. Ailemi, hiçbir şeye itiraz etmeyen uysal kimseler olarak görüyordu. Ancak bu defa öyle olmadı, işin peşini bırakmamıştık. Ailem bu defa kabuğunu kırmış ve duruşma için iyi bir avukat tutmuştu. Duruşmaya çok iyi hazırlandık. O alçağı hapsettirecek deliller elimizde idi. Tehditler mahkeme gününe kadar devam etti. Bizi korkutup davadan vazgeçireceklerini umdular ama bu defa öyle olmadı. Dünyada hep kötülerin borusu ötecek değildi ya!

Annem beni duruşmaya götürmedi. Üstelik bir de "Bize danışmadan başından büyük işlere burnunu sokuyorsun." deyip kızdı. Onun kızması beni hiç üzmedi. Günlerdir beklediğim sona yaklaşmıştık. Artık stresli günler bitecekti.

Duruşmanın yapıldığı saatlerde ben evde dokuz doğuruyordum. Bir yandan da düşünüyordum: "İleride ben de hukukçu olacağım. Ne olursa olsun doğruluktan ayrılmayacağım."

Beklemek ne kötü şey Tanrım. Saniyeler geçmek bilmiyordu. Acaba davayı kazanabilecek miydik? Meraktan çatlıyordum. Eğer kazanırsak Ayşe'ye olan vicdan borcumu ödemiş olacaktım ama bunları söylemek için daha erkendi. Çünkü mahkemenin sonucunu henüz bilmiyordum. Tek istediğim adaletin yerini bulması ve suçluların hak ettikleri cezaya çarptırılmalarıydı.

Annem telefon edip duruşmanın bittiğini söyledi. Benim de hemen amcamlara gelmemi istedi. Sonucu sordum, söylemedi. Meraktan bayılacak gibiydim. Vakit kaybetmeden amcamlara gittim. Kendimi toparlayıp adımımı güçlükle içeri atabildim. Herkes üzgün ve bitkin görünüyordu. Sonucun istediğimiz gibi olacağını umuyordum ancak gördüğüm manzara karşısında hayal kırıklığına uğradım. Ümidim kayboldu. Kötü bir haber duymamak için sonucun ne olduğunu bile soramadım. Kaybetmenin hıncı ile oturup ağlamaya başladım. Öyle dolmuşum ki babamın gözlerine baka baka ağladım.

Bir süre sonra baktım bizimkiler gülmeye başladı. İyice sinirlendim. Böyle bir durumda nasıl gülebiliyorlar, diye kızdım onlara. Daha sonra annem davayı kazandığımızı söyledi. Kulaklarıma inanamadım. Nasıl sevindim bir bilseniz? İçimden "Başardık, başardık Ayşe, başardık." dedim. Kimse duymadı. Duyduğuna inandığım tek kişi Ayşe idi. Artık mutludur diye düşündüm. Çünkü ben bu mücadeleyi onun için vermiştim.

Nihat'la ilgili araştırmalar yapılınca başka suçları da ortaya çıktı. Sonuçta 10 yıl hapis cezası aldı. O Ayşe'nin hayatını söndürmüştü. Şimdi de kendisi ömrünü hapiste geçirecekti.

İşte böyle hocam sizin küçük Derya'nız başından büyük işlere kalkıştı. Siz bize hep derdiniz ya **"Çok isterseniz, mutlaka başarırsınız."** diye. İşte ben de istedim ve başardım.

Saygılarımı sunuyorum hocam.

Derya

ŞU ANDA TÜM HAYALLERİ
YIKILMIŞ, GELECEĞİ KARARMIŞ,
UMUTLARI SÖNMÜŞ BİR
DURUMDAYIM. KENDİMİ
KANATLARI KIRILMIŞ VE
BU YÜZDEN BİR DAHA HİÇ
UÇAMAYACAK BİR KUŞ GİBİ
HİSSETMEKTEYİM.

SERPİL'İN BİRİNCİ MEKTUBU

Size Uzaklardan, Çok Uzaklardan Yazıyorum

Merhaba Alişan Hoca,

Size uzaklardan, çok uzaklardan yazıyorum: Bitlis'ten.

Öncelikle sizi rahatsız ettiğim için özür diliyorum. Onca öğrencinizin arasında şimdi bir de benim derdimi okuyacaksınız. Biliyorum beni merak ettiniz. Bu yüzden önce kendimi tanıtayım:

Adım Serpil. 18 yaşında, lise üçüncü sınıfta okuyan bir kızım. Sizin nasıl bir öğretmen olduğunuzu bir öğrencinizden duydum. Bugüne kadar onun anlattığı gibi bir öğretmenle tanışma fırsatım olmadı. Eğer olsaydı belki de bugün içine düştüğüm bu sorunları yaşamayacaktım.

Benim içinden çıkamadığım çok ama çok büyük bir sorunum var. Ne yapacağımı ve içine düştüğüm bu korkunç durumdan nasıl kurtulacağımı bilemiyorum. Derdimi burada anlatacak kimse bulamadım. Günlerce, haftalarca düşünüp durdum. Ne yapacağımı, kime başvuracağımı, kimden yardım isteyeceğimi bilmeden dolaşıp durdum. Sonunda size yazmaya karar verdim.

Neden mi size?

Siz beni tanımıyorsunuz. 19 Mayıs Lisesinde sizin öğrenciniz olan Aygül buraya geldi. Ben şimdi onunla aynı sınıftayım. Aygül bize sürekli olarak sizden söz etti. Öğrencilerle iyi bir diyalog kurduğunuzu, onların problemlerini dinleyip birlikte çözüm aradığınızı, öğrencilerin size sürekli olarak mektuplar yazdığını, aldığınız her mektuba mutlaka cevap verdiğinizi hatta bazı öğrencilerin evlerine gittiğinizi söyledi. Çok şaşırdım. Sonra benim de sorunumu size yazmamı önerdi. Eğer bana yardımcı olursanız çok sevineceğim. Size yalvarıyorum, beni içine düştüğüm bataklıktan ve karanlıktan kurtarın.

Her Şey Bir Telefonla Başladı...

Geçen yıl bir gün telefon çaldı. Hemşire olan ablamı arıyorlardı. Ablam evde yoktu. Bunun üzerine arayan kişi, benimle konuştu. Bu kişi daha sonra misafir olarak bize geldi. Daha önce telefonla konuştuğum insanı ilk defa görüyordum. Oturup havadan sudan konular konuştuk. Ayrılırken beni arayacağını söyledi. O kadar şaşırmıştım ki ondan sonra neler söylediğini hatırlamıyorum.

Sonra arada bir buluşmaya başladık. Derken buluşmalarımız sıklaştı. Her buluşmada bana farklı sözler söylüyordu. Kendimi söylediği sözlerin büyüsüne kaptırmıştım. Beni sevmesi, bana böyle güzel sözler söylemesi çok hoşuma gidiyordu. Bir buluşmamızda hiç beklemediğim bir şey oldu. Elimi tuttu, sonra yanaklarımdan öpmeye başladı. Ne yapacağımı, ona nasıl karşı koyacağımı bilemiyordum. Birden vahşileşti, bana hayvan gibi saldırdı. Bizden başka kimsenin bulunmadığı bir yerdeydik. Beni kurtaracak kimse yoktu. Ondan kurtulmak için çırpınıyordum ama gücüm yetmiyordu. Bağırmalarıma koşan kimse olmadı.

Oysa o gün benim doğum günümdü ve ben 17 yaşıma giriyordum. O gün en mutlu günüm olacaktı. Ama ben o günün benim için ölümden beter bir gün olacağını nereden bilebilirdim.

Ben kendime geldikten sonra beni evimize yakın bir yerde bıraktı. Eve geldiğimde deli gibiydim, içim bulanıyordu. O gün tüm değerlerim alt-üst olmuştu. Kendimi ufkunda aydınlık görünmeyen zifiri bir karanlığın dehşeti içinde yapayalnız hissediyordum.

Kendisine telefon açtım, evde yoktu. Gelir gelmez beni araması için not bıraktım. Akşama doğru telefon etti. Ona olayı anlattım, beni teselli etti. Birkaç gün daha aradı, ondan sonra hiç aramadı.

İki ay boyunca bu olaydan kimseye söz etmedim, edemedim. Ayıplanmaktan, dışlanmaktan ve horlanmaktan korktum. Mayıs'ta ablamın bir arkadaşı aracı oldu ve ablama anlattı. Ablam beklediğimin tersine bana hiç kızmadı. Onu arayıp konuştu. Durumu anlatıp bir çözüm bulması gerektiğini söyledi. O ise hiçbir şey demedi ve ondan sonra da bizi hiç aramadı. Biz telefon ettiğimiz zaman onu bulamıyorduk. Ağustos'ta çok samimi olduğumuz bir abiyi dayım olarak tanıtıp kendisiyle görüştük. Onunla evlenmek istiyordum. Sürekli olarak borcunu bahane edip benimle evlenmeye razı olmuyordu. Ne dediysek fayda etmedi.

Onu mahkemeye vermeyi düşündük, olmadı. Çünkü adımın dosyalara tecavüze uğrayan kız olarak geçmesini, gelecekte ailemin ve çocuklarımın karşısına böyle çıkmayı hiç istemezdim elbette. Tam üç aydır onu bulmak için sürekli olarak telefonla arıyorum, ama bulamıyorum. O ise beni hiç aramıyor.

Kendisi bir kamu kuruluşunda çalışıyor. Korkumdan onun adını size de yazamıyorum. Ben onu çok seviyorum ama o beni hiç sevmiyor ve benden sürekli kaçıyor.

Şimdi ben ne yapacağım? İnanın bütün günlerim üzüntüyle, gecelerim kâbuslarla geçiyor. Yalvarırım bir çıkar yol gösterin, bu karanlık durumdan kurtulmam için bana yardım edin. Namusum temizlensin, diye her şeye katlanmaya razıyım.

Bir Daha Uçamayacak Yaralı Bir Kuş Gibiyim...

Şu anda tüm hayalleri yıkılmış, geleceği kararmış, umutları sönmüş bir durumdayım. Kendimi kanatları kırılmış ve bu yüzden bir daha hiç uçamayacak bir kuş gibi hissetmekteyim.

Sizden bir fikir, kurtulmam için bir çare istiyorum. Bir kere daha yalvarıyorum, yardım edin bana.

Onun bana dönmesi, benimle evlenmesi için neler yapabilirim bilmiyorum; hatta onun beni gerçekten sevip sevmediğini bile bilmiyorum.

Eridim, bittim, mahvoldum. Bu sorunuma bir çare bulamıyorum. İki defa intihara teşebbüs ettim, ölmek istiyordum ama başaramadım. Beni arar diye hep bekledim, bugüne kadar aramadı. Delirmek üzereyim.

Şimdi lise üçüncü sınıftayım. Ortaokulu dışarıdan bitirdim. Üniversiteye gitmek ve öğretmen olmak istiyorum. Fakat bu olaydan sonra kendimi toparlayamıyorum. Acaba bu konuda neler yapabilirim?

Sizi üzmek istemezdim, kusura bakmayın. Öğrencinizin anlattıklarından cesaret alarak yazdım. Beni dinlediğiniz, sorunumu okuduğunuz için teşekkür ederim. Size yazınca biraz rahatladım.

Sevgilerimle ve saygılarımla mektubumu bitirirken size tekrar tekrar teşekkür ediyorum. Ne olursunuz tüm öğrencilerinizi, özellikle de kızları uyarın. Benim başıma gelenlerin, benden başka kimsenin başına gelmesini istemem. Benim hayatım onlara ibret olsun, öğüt olsun. Başkasına kanıp da hemen arkadaş olmasınlar, samimiyet kurarken çok dikkatli olsunlar. Ve ne kadar severlerse sevsinler, saflıkları ve cahillikleri yüzünden birine kanıp da onun tuzağına düşmesinler.

O da benim saflığımı kullanarak beni tuzağa düşürdü, çok pişmanım. Elimden bir şey gelmiyor, çok üzgünüm, çok umutsuzum. Siz de beni bağışlayın.

Eğer bana mektup yazarsanız okula göndermeyin; çünkü okula gelen mektuplar okunuyor. Evimize yazın ancak zarfın üzerine benim adımı yazmayın, size verdiğim adı yazın. Ailem sorarsa "Bir öğretmenimizden bir arkadaşımıza mektup gelecek." derim. Eğer ailemin bu durumdan haberi olursa beni öldürürler. Çok korkuyorum.

Sizden umut bekleyen çaresiz bir insan.

Serpil

ÖNEMLİ OLAN YERE BİR KERE SERİLMİŞ OLMAN DEĞİL; BİR DAHA AYAĞA KALKIP KALKAMAYACAĞINDIR

Serpil Merhaba,

En içten sevgilerimle seni selamlıyor ve kocaman kanatlarıyla gökyüzünün derinliğinde özgürlüğüne kanat çırpan bir kartal gibi hayallerine uçmanı diliyorum.

Ruhunda açılmış olan yaraya merhem olacak mıyım bilmiyorum ancak tüm öğrencilerimi olduğu gibi şimdi seni de masama davet ediyor ve sohbetimize başlıyorum. Haydi gel, üzerindeki kara bulutları dağıtalım. İçinde bulunduğun durumdan çıkabilmen için el ele tutuşup yürüyelim.

Parçalanmış kanatlarıyla çırpınıp duran ama bir türlü uçamayan bir kuş gibi olduğunu söylüyorsun. İçinde bulunduğun psikolojik durum dolayısıyla şu anda böyle düşünmekte haklısın ama biz konuşmaya başlayınca etrafındaki kara bulutlar dağılmaya yüz tutacak. Duyguların ve düşüncelerin biraz daha berraklaşacak ve sen yine o eski, canlı, hayat dolu Serpil olacaksın.

İlk önce şunu vurgulayalım ki canım, benim elimde sihirli bir değnek yok. Ben herhangi bir konuda hazır reçeteleri olan bir uzman değilim. Öğrencilerimle konuşmak, onları dinlemek, onları anlamaya çalışarak rahatlatmak ve de bana yazılan mektuplara cevap yazmaktan başka yapabileceğim bir şey yok.

Lafı daha fazla uzatmadan konuya geçeyim. Senin sorunu ben çözecek değilim, sen kendin çözeceksin. Bir sorunun çözümünü bilmek başka, o çözüm için gerekenleri yapmak başkadır. Bilmek fakat bildiklerini uygulamamak hiçbir şey ifade etmez.

Her şeyden önce hepimiz insanız ve bunun sonucu olarak da hata yapmamız gayet doğaldır. Hayatımız boyunca büyük olsun, küçük olsun mutlaka hata yaparız. Önemli olan hata yapıp yapmamak değil, yaptığımızın hata olduğunu fark ettiğimizde onu sürdürmemek ve bir daha tekrar etmemeye çalışmaktır. Psikolojide öğrenme konusunu hatırlıyor musun? İnsanın öğrenme yollarından biri de deneme-yanılmadır. Yaptığımız her hata aslında bize yeni bir şey öğretir. Unutma canım, Peygamberler bile hata yapmışlardır ve Allah tarafından uyarılmışlardır.

İçine düştüğün bu durumdan seni kurtaracak bir tek kişi var. Kim biliyor musun? Sen. Evet, evet sen. Sen kurtulmaya karar vermedikçe kendine yardım etmeye ve yarınlara

İNSANI ÇIKILMAZ YOLLARA GÖTÜREN, DÖNÜLMEZ HATALARA DÜŞÜREN NEDİR BİLİYOR MUSUN SERPİL? KİŞİNİN HOŞLANMAYI SEVGİ ZANNEDEREK KENDİSİNİ BU DUYGUNUN EMRİNE VERMESİ, AKIŞINA KAPTIRMASIDIR.

ümitle bakmaya çalışmadıkça hiç kimse ama hiç kimse sana yardım edemez, seni kurtaramaz.

Bir kitapta şöyle bir söz okumuştum: **"Başkalarının kendisini kurtarmasını bekleyenler, kölelerdir."** Tabii ki bu sözden zorda kalan herkes anlaşılmaz. Kendileri hiçbir şey yapmadığı, sorumluluklarını yerine getirmediği hâlde, oturup başkalarının kendileri için bir şeyler yapmasını bekleyen kimseleri köle olarak tanımlıyorum ben.

Mektubundan anladığıma göre sen köle ruhlu, uyuşuk, başkalarının seni kurtarmasını bekleyen biri değilsin. Kendi ayakları üzerinde durmak, kendi kanatlarıyla uçmak isteyen birisin. Bunun için de rehberlik ve yardım istiyorsun.

Gençlik, Yokuş Aşağı Akan Çılgın Bir Su Gibidir...

Serpil, sen şimdi hayatının en çılgın, duygularının karmakarışık olduğu, kişilik arayışı içinde bulunduğun dönemi, gençlik dönemini yaşıyorsun. Bu dönemde gençler dağın zirvelerinden çıkıp yokuş aşağı akan bir su gibidirler. Su, bazen çılgınca, sağa sola çarparak, bazen de durgun akar. Bazen çevresine zarar verir. O sürekli olarak rahatça akıp gidebileceği yatağını aramaktadır. Bu arayış, insanoğlu ona güzel kanallar yapıncaya kadar sürüp gider...

Sen de böyle değil misin Serpil? Bazen duygulanıp ağlıyorsun, bazen de gözlerinden yaş gelinceye kadar gülüyorsun. Dün doğru dediğine bugün yanlış diyebiliyorsun.

Bugün inandığın, savunduğun, peşinden koştuğun düşünceleri dün çok saçma buluyordun değil mi? Çok şey arıyorsun ama ne aradığını, onu nerede ve nasıl bulacağını bilmediğin anlar oluyor. Ve sen sürekli olarak uğraşıp duruyorsun. Dün nefret ettiğinden bugün hoşlanıyor, dün hoşlandığının bugün yüzüne bile bakmıyorsun. Ak kara, kara ak oluyor. Yani; sürekli değişiyor ve gelişiyorsun.

Bu dönemde gençleri en çok etkileyen konulardan biri de karşı cinse duyulan ilgidir. Gençler karşı cinse karşı hissettikleri duygunun hoşlanmak mı, sevmek mi, yoksa âşık olmak mı olduğunu çoğu zaman ayıramıyorlar. Bazen hoşlandıkları birine âşık olduklarını veya onu sevdiklerini söyleyebiliyorlar.

Hoşlanmanın bir heves, gelip geçici bir duygu, bir anlık bir arzulama olduğunu bilmeyip bunun kalıcı bir sevgi olduğunu zannediyorlar. Hâlbuki her hoşlanma, sonunda sevgiyi getirmeyebilir de.

İnsanı çıkılmaz yollara götüren, dönülmez hatalara düşüren nedir biliyor musun Serpil? Kişinin hoşlanmayı sevgi zannederek kendisini bu duygunun emrine vermesi, akışına kaptırmasıdır. Karşı cinse olan ilgi, hoşlanma, sevgi ve aşk gibi hisler, insan doğasında bulunan göz ardı edilemeyecek duygulardır. Bunları hiçe saymak, yok etmeye çalışmak, insanı tanımamak demektir.

İşte, gençlerin bu duyguları yoğun olarak yaşadıkları bu dönemde, büyüklerin (anne-baba-öğretmen) onlara yardımcı olması gerekiyor. Nasıl ki insanlar dağdan aşağıya akan çılgın sulara, etrafına zarar verebilecek sellere barajlar ve kanallar yapıyorlar ve onları bu kanallarla kendilerini bekleyen tarlalara ulaştırıyorsa büyükler de gençlerin ellerinden tutmalı, onların duygu ve düşüncelerini anlamalı, çılgınlık döneminde onlara model olmalıdırlar. Bu dönemi en az zararla atlatıp kendilerine ve topluma en yararlı bir şekilde yetişmelerine yardımcı olmalıdırlar.

Kendilerine böyle güzel modeller ve örnek insanlar bularak onlardan anlayış ve hoşgörü gören, onların rehberliğine başvurup yardım alan gençler, bu dönemi en az hatayla ve oldukça rahat bir şekilde geçirebilirler.

Sözü bu kadar uzattıktan sonra gelelim sana Serpil:

Eğer sen ailenle konuşabilseydin, yaşadığın duyguları bir öğretmeninle paylaşabilseydin bu sorunu yaşamak zorunda kalmayacaktın belki de.

Şunu bir kere daha vurguluyorum: Sana bu mektubu uzman biri olarak yazmıyorum. Senin yaşadığın sorunlara benzer sorunların yazıldığı birkaç bin mektup alıp cevabını yazmış, öğrencilerin sorunlarını çözmede onlara rehberlik yapmaya çalışmış bir öğretmen olarak yazmaya çalışıyorum.

Olmasaydı elbette ki daha güzel olurdu ama canım olmuş bir kere. Bir bilge kişi diyor ki: **"Önemli olan bir kere yere serilmiş olmanız değildir, bir daha ayağa kalkıp kalkamayacağınızdır."** Ne kadar doğru bir söz değil mi? Şimdi sen kendini kanatları kırılmış ve bir daha asla uçamayacak bir kuş gibi hissediyorsun. Yere serilmişsen ayağa kalkman için bak sana ellerimi uzatıyorum. Haydi, tut ve kalk lütfen!

Başkasından beklemeden, bunun senin için kötü bir tecrübe olduğunu düşünerek her şeyden önce kendini affet. Başkası affetmese de sen kendini affet canım, kurtuluşun ilk basamağı bu!

Güneş Gibi Yeniden Doğacaksın...

Mutlaka kendinle barış, hem de hiç vakit kaybetmeden. Ayağa kalkıp kendinle barıştıktan sonra bir sabah yeniden doğduğunu düşünerek her şeye yeniden başlamaya ne dersin Serpil? Hani güneş batar ve içimizi ürperten korkunç bir karanlık ortalığı kaplar, ama güneş hiç bıkmadan ertesi gün yeniden doğar ya... Doğarken de bütün karanlıkları yok eder, dünyayı tekrar aydınlatıp içimizi ısıtır ya...

İşte canım, sen de güneş gibi yarın sabah yeniden doğup duygu ve düşüncelerini kaplayan karanlıkları, üzerine kümelenen kara bulutları ve ruhundaki tüm olumsuz duyguları yok edebilirsin ve ben bunu yapacağına inanıyorum.

Unutma Serpil; biz bu dünyaya mutlu olmak, sevmek, sevilmek, sevgiyi paylaşmak için geldik. Yapmamız gereken hatalarımıza yanarak zamanımızı öldürmek değil, sahip olduğumuz tüm değerleri zamanı, sağlığı, zekâyı en iyi ve en verimli şekilde kullanarak yaşamaktır.

"Namusum temizlensin" diyorsun mektubunda. Senin namusun duygu ve düşüncelerinde, kişiliğinde zaten temiz değil mi Serpil? Bahsettiğin olay senin isteğinle olmadı. Senin isteğinin ve gücünün dışında zorla oldu. Bu yüzden kendini yıpratman, üzüp mahvetmen gerekmiyor. Şimdi biri bana zorla içki içirseydi benim buna karşı koyma imkânım olmasaydı kendi isteğim dışında bir kere içecektim, bundan sonra da "Nasıl olsa bir kere içtim, bundan sonra da sürekli içmeliyim, her zaman sarhoş dolaşmalıyım" diye düşünsem sen ne akıl verirdin bana?

Seni gerçekten sevip sevmediğini bilmediğin birinin peşine neden düştüğünü bir kere daha düşünsen nasıl olur Serpil? Eğer o seni gerçekten sevseydi ve gerçekten isteseydi seni terk edip gider miydi? Seni aramayan, sormayan, baştan savan, seninle görüşmemek için kaçıp duran biriyle evlensen bile mutlu olabilecek misin?

Yaşadığın olay seni yaraladı, hem de çok yıprattı bunu biliyorum. Bunu bir anda söküp atmanın, unutmanın kolay olmadığını da biliyorum. Ama canım, insan yaşamının elimizde olmayan bir hatayla bitirilemeyecek, ona küsülmeyecek kadar değerli ve muhteşem olduğunu da biliyorum.

Haydi Serpil, lütfen uzat ellerini bana, kalk ne olursun! Haydi, sen de gel benim güzel bahçeme! Bak, oradaki çiçeklerimin hepsi sana gülümsüyorlar. Biz seni seviyoruz. Sen de kendini, Serpil'i sev olur mu?

Şimdilik bu kadar. Yeni mektuplarını bekliyorum; ayağa kalktığını, güneş gibi yeniden doğup yaşamaya yeniden başladığını anlatacağın mektuplarını...

Sevgilerimi sunuyorum.

Alişan

HOCAM, BEN ÜNİVERSİTE SINAVLARINA GİRMEK İSTİYORUM. AMA SINAVLARA NASIL HAZIRLANACAĞIMI, NASIL KAZANACAĞIMI BİLMİYORUM. OKUYUP ÖĞRETMEN YA DA POLİS OLMAK İSTİYORUM. İNSANLARA FAYDALI OLMAK, ONLARI YETİŞTİRMEK, SİZİN YAPTIĞINIZ GİBİ DERTLİLERİN DERDİNE ÇARELER ARAMAK İSTİYORUM. POLİSLİĞİ DE KÖTÜLERDEN İNTİKAM ALMAK İÇİN İSTİYORUM.

SERPİL'İN İKİNCİ MEKTUBU

Kirvemiz Benimle Evlenecek

Merhaba,

Satırlarıma başlamadan önce sonsuz sevgi ve saygılarımı sunuyorum.

Alişan Hocam, inanın ne zamandır mektubunuzu bekliyordum. Süre uzayınca mektubumun elinize geçmediğini düşündüm, size ikinci bir mektup daha yazacaktım. Fakat Aygül dedi ki; "Biraz daha bekle, mutlaka yazar." Ben de beklemeye devam ettim.

Dün postacı mektubunuzu getirince çok sevindim. Her şeyden önce beni dinlediğiniz, mektubumu okuyup bana üzüldüğünüz için teşekkür ederim. Size yazıncaya kadar derdimi hiç kimseye anlatmamıştım, anlatacak cesareti bulamamıştım. Bunalmıştım iyice. Şimdi sorunumun tam olarak çözüldüğünü söyleyemem ama o zamana göre bir hayli rahatım. Sizin de desteğinizle eski Serpil olmaya çalışacağım.

Başıma bu olay geldiğinde kendimi çok kötü bir kız olarak değerlendiriyordum. O zamana kadar çevremdekiler benim iyi, sevimli, yüreği sevgi dolu, kibar ve tatlı bir insan olduğumu söylerlerdi. Önceleri buna inanırdım. Fakat o olaydan sonra kendimi suçlamaya, kötü görmeye başladım. Bu uzun bir süre devam etti. Yaşıyordum ama ölüden farkım yoktu. Mektubunuzu okuyunca eskiye dönebileceğimi, neşeli, canlı ve yüreği sevgi dolu Serpil olabileceğimi düşündüm.

Ne diyorsunuz hocam, bunu gerçekten başarabilir miyim?

Yaşadığım olayı ablamdan başka kimseye anlatmamıştım. Aileme anlatırsam çok kızarlar, beni öldürürler diye korkuyordum. Daha sonra ablam anlatmaya karar verdi. Anlattı ve beklediğim gibi olmadı. Yani bana kızmadılar ama çok üzüldüler, âdeta yıkıldılar. Şimdi iyiler. Namusumuzu temizlemek için onlar da benimle birlikte uğraşıyorlar.

Annem, bize yardımcı olması için bu olayı kirvemize anlatmış. O, buranın ileri gelenlerinden sayılır, çok zengin. Bir partinin üyesi, yakında milletvekilliğine adaylığını koyacak. Kirvemiz gelip bana olayı sordu, ben de her şeyi yeniden anlattım. O da gidip bana bunu yapanın çalıştığı yerdeki bir amire anlatmış. Amiriyle kirvemiz onu buraya çağırdılar ama o gelmedi. Amir ona telefon edip mutlaka gelmesini, kirvemizin milletvekili olacağını, bana bu kötülüğü yapan kimseyi buralarda yaşatmayacağını anlatmış ve "Eğer gelmezsen seni hiç kimse kurtaramaz, benim de sana hiçbir faydam olmaz. Bu adam seni görevden attırır." demiş... O zavallı şimdi korkudan titriyormuş.

Hocam artık işler yoluna giriyor. Eğer o benimle evlenmezse kirvemiz gerekeni yapacak. Kirvemiz beni çok sever. Benim için her fedakârlığı yapıyor. Bana ya burada ya da başka bir ilde dayalı döşeli bir ev tutacak. Adıma leke gelmemesi için de benimle evlenecek. Benim bu durumlardan kurtulmam için tüm bunları yapacak.

İnanın kirvemizi tanısanız onun ne kadar iyi bir insan olduğunu anlarsınız. O, zor durumda olan herkese yardım etmek için uğraşır. Kendisini Aygül'e de anlattım. Fakat Aygül dedi ki; "O, sana çıkarı için iyilik yapıyor, senden yararlanmak istiyor, dikkatli olman gerekir."

Aygül'ü kirvemizle tanıştırdığımda Aygül çok üzüldü. Onun hakkındaki kötü düşüncelerinden vazgeçti. Şimdi eski düşüncelerinden dolayı hâlâ pişmanlık duyuyor. Sakın siz de Aygül gibi kirvemiz hakkında kötü düşünmeyin. Onun kadar iyi başka bir insan tanımadım.

Size biraz kendimden söz etmek istiyorum. Çevremdekiler bana güzel diyorlar; tatlı, güler yüzlü ve insanlara bağlı olduğumu söylüyorlar. İnsanları çok seviyorum. Onlar bana ne kadar kötülük yaparlarsa yapsınlar onlardan nefret edemiyorum. Örneğin o kişi... Hayatımı mahvetti, dünyamı karartıp gitti ve bir gün arayıp sormadı. Ondan nefret etmem gerekirken, ben nefret edemiyorum ve her şeye rağmen onu seviyorum. Diyorum ki ne olur bir kerecik olsun onu görebilsem, sesini duyabilsem, iyi mi kötü mü bir haber alabilsem... İşte ben böyleyim...

Hatalarımın da farkındayım. Bazı konularda çok ön yargılıyım. Bir şey hakkında ön yargılarımla çok kesin konuşurum, sonra bir de bakarım ki kesin olarak konuştuklarımın hiçbiri olmamış.

Kirvemizin bu olayı duyması çok iyi oldu çünkü bana ondan başkası yardım edemez. Dün akşam bizdeydi. Annemle konuştular, evlilik işlerinden falan söz ettiler. Beni alıp Ankara'ya götüreceğini, milletvekili lojmanlarında çok rahat yaşatacağını, namusumuzun ve aile şerefimizin kurtulacağını söyledi. Nasıl sevindim bilemezsiniz.

Kirvemiz o kişiyi tanıyor, gelecek hafta konuşacaklar. Kim bilir şimdi o, korkudan ne hallere düşmüştür? Onun o korkudan titreyen komik hâline öyle çok gülüyorum ki! Siz olsaydınız böyle birine gülmez miydiniz?

Hocam, ben üniversite sınavlarına girmek istiyorum. Ama sınavlara nasıl hazırlanacağımı, nasıl kazanacağımı bilmiyorum. Okuyup öğretmen ya da polis olmak istiyorum. İnsanlara faydalı olmak, onları yetiştirmek, sizin yaptığınız gibi dertlilerin derdine çareler aramak istiyorum. Polisliği de kötülerden intikam almak için istiyorum.

Ancak derslerim çok berbat. En yüksek notum 3, diğerleri de 1 veya 2. Bu derslerle bu sene sınavı kazanmam zor. Bu konuda neler yapabilirim bilmiyorum. Bana yardımcı olur musunuz? Cevabınızı yine dört gözle bekliyorum. Yeni gelişmeler olursa size yazacağım. Mektubu bu defa okula gönderin. Çünkü evde ben yokken ailem açıp okuyabilir.

Sonsuz sevgi ve saygılarımı sunuyorum...

Serpil

"BİZ BU DÜNYAYA MUTLU OLMAK, SEVMEK, SEVİLMEK VE SEVGİYİ PAYLAŞMAK İÇİN GELDİK." DİYORSUNUZ MEKTUBUNUZDA. BELKİ BUNUN İÇİN GELDİK AMA BUNUN İÇİN YAŞAMIYORUZ. SANKİ KULLANILMAK İÇİN GELMİŞİZ. SANKİ MUTSUZ OLMAK, ÜZÜLMEK, HAKARET GÖRMEK İÇİN GELMİŞİZ. BENİM YAŞADIĞIM HAYATIN NERESİ İNSANI MUTLU EDER BİLMEM Kİ?

SERPİL'İN ÜÇÜNCÜ MEKTUBU

Bu Dünyaya Mutlu Olmak İçin Değil Kullanılmak İçin Gelmişiz...

Sevgili Hocam,

En güzel sevgilerim ve saygılarımla mektubumu yazmaya başlıyorum.

Size bundan önce gönderdiğim mektubumun cevabını beklemeden yazıyorum. O mektubu gönderdikten sonra bazı yeni gelişmeler oldu. Bunları bir an önce sizinle paylaşmak istedim.

Dün benim doğum günümdü. Yani hayatımı karartan o korkunç olayı yaşayalı tam bir yıl oldu. Bir yıldan beri neler çektiğimi bir ben bilirim, bir de Allah. Bir yıl önce kararan dünyam dünkü doğum günümle biraz aydınlandı diyebilirim. Doğum günüme otuz üç kişi çağırdım. Yedi öğretmen,

Üç fabrikatör, ilçemizin Trafik Şube Müdürü, bir polis, ablamın bazı arkadaşları, kirvemiz ve bazı arkadaşlarım. Davet ettiklerimden yirmi üçü geldi. Doğum günü partim çok güzel oldu. Kendimi şu anda bir hayli rahatlamış ve sıkıntılardan uzaklaşmış hissediyorum. Partide sizin de olmanızı çok isterdim. Ne yazık ki Adana'daydınız ve gelemezdiniz. Biz yine de kulağınızı çınlattık.

Mektubunuzda demiştiniz ki: **"Sen daha yolunu bulamamış, kişiliği tam olarak rayına oturmamış, bugünü düne uymayan, yarını da bugüne uymayacak olan bir durumdasın. Kendinle tanışmış, kendini tam olarak tanımış, duygu ve düşüncelerini de tam olarak anlamış değilsin. Bu durumda bazen kim ne derse ona inanıyor, kim hangi yönü gösterirse o yöne bakıyorsun."**

Gerçekten de hocam çok haklısınız. Sanki benimle tanışmışsınız da beni bana anlatıyorsunuz. Çok kararsızım. Her şey yeniden başlasın, her şey iyi olsun diye uğraşırken hiç ummadığım olaylarla ve davranışlarla karşılaşıyorum. Ben elimden geleni yapmaya çalıştığım hâlde başkaları bunu engelliyor. Kurtulmak için gayret ediyorum; fakat bu gayretlerimin sonuçsuz kaldığını görünce karamsarlığa düşüyor, bunalıyorum.

Size anlatmak istediğim o kadar çok şey var ki hangisinden başlayacağımı bilemiyorum. Anlatacaklarım mektuplara sığmaz, onları sizinle yüz yüze konuşmak isterdim ama bu şimdilik imkânsız gibi. Ben yine de yazacağım. Az önce de yazdığım gibi size hangisini anlatacağımı bilemiyorum. O genci mi, ailemizi mi, kirvemizi mi, o gencin arkadaşını mı? Hangisine inanacağımı, hangisinin isteklerine uyacağımı şaşırdım.

"Sana Yardımcı Olacağım Ama Önce Benimle..."

Dün o gencin bir amiri olan birisi geldi. Doğum günüm için bir buket de çiçek getirmiş. Yanımda annem olduğu hâlde kendisiyle biraz konuştum. Anneme dedi ki "Tamam, ben onunla konuşurum, onu Serpil'le evlenmeye ikna ederim. İkna olmazsa zorla kabul ettirmeye çalışırım. Siz hiç merak etmeyin." Diğer taraftan da bana gizlice dedi ki; "Bak Serpil, gücümü kullanır, onu seninle evlenmeye ikna ederim. Sen şimdi çaresizsin, bu halinle ondan başka kimseyle evlenemezsin. Sizi evlendirme işini halledeceğim, ama bu karşılıklı olacak." Ben de merakla "Peki, bu nasıl olacak?" diye sordum. "Çok kolay, benimle beraber olacaksın." demez mi? Çok şaşırdım, ne diyeceğimi bilemedim. O ise devam ediyordu: "İlişkimiz ilerde de devam edecek ama kimsenin bundan haberi olmayacak tamam mı?" Dilim tutulmuştu, hiçbir şey diyemedim. Beni küçümseyen bakışlarıyla süzerek "Sen bilirsin. İster böyle yaşa, istersen benim dediklerimi yapıp bu durumdan kurtul, karar senin!" deyip gitti.

Aynı şeyi kirvem de yaptı. Geçen mektubumda size kirvemi biraz anlatmış ve onun ne kadar iyi biri olduğunu yazmıştım. Yanılmışım hocam, onun ne kadar alçak birisi olduğunu sonradan öğrendim. Ailemle konuşurken kurtarıcı bir melek rolüne giriyor; güya aile şerefimizi kurtarmak, namusumuzu temizlemek için uğraşıyor! Geçenlerde bana gizlice dedi ki; "Bak kızım, sen bir cahillik ettin, aileni yıktın ama üzülme her derdin bir çaresi vardır. Bu derdin de bir çaresi vardır. Sen gençsin, güzelsin. O çocuğa seninle evlenmesini kabul ettiririm, benim her yerde gücüm var. Ancak senden küçük bir şey istiyorum. Benimle ilişkiye gireceksin. O gençle evlilik işin olmazsa ele güne karşı evli olduğumuzu, imam nikâhı yaptırdığımızı söyleriz. Böylece kimse senin hakkında ileri-geri konuşamaz."

Evet hocam, kirvemiz olacak adam bana aynen bunları söyledi. Ben bugüne kadar namusun sadece bir kızın bekâreti olduğunu zannediyordum, değilmiş Hocam. Toplumumuzda kadınların, kızların namus bekçiliğine soyunan bazı erkeklerin beyinlerinde ne kadar namussuz ve alçak olduklarını gördüm. Kişilikler de namussuz oluyormuş!..

İşte böyle hocam. Şu anda bana arızalı bir mal gözüyle bakıyorlar. Şimdi söyler misiniz bana, ben ne yapacağım? Şaşırdım hocam, hem de çok şaşırdım. Bu insanlarla değil ilişkiye girmeyi, onların yüzünü bile görmeyi istemiyorum. Bu yüzden de insanlardan nefret ediyorum, nefret.

O gençle evlenme konusunda ne yapacağımı bilmiyorum. Önceleri onunla evlenmeyi çok istiyordum. Şimdi bunu isteyip istemediğim konusunda kararsızım. Evlensem mutlu mu, yoksa mutsuz mu olacağım belli değil.

Bütün bunlar bir yana, ailem beni daha çok bunaltıyor. Beni özellikle onunla evlilik konusunda çok sıkıştırıyorlar. Annem diyor ki; "Gidip onunla konuşacağım, onu evlenmeye razı edeceğim. Kabul etmezse zorla kabul ettireceğim. Yoksa onu ve ailesini buralarda yaşatmam. Onun sana yaptığını ailesinden birine yaptırtacağım." Bazen de bana "Git kızım, onu bulup konuş kendisiyle. Madem seni bu hâle koydu, sonucuna da eşek gibi katlansın. Kabul etmezse onu öldür veya onu öldüreceğini ve yaşatmayacağını söyle, yoksa ben seni yaşatmayacağım!" diyor.

Kime gitsem hangi yöne dönsem hep aynı şeyler. Annem bazen üzerime o kadar geliyor ki ne yapacağımı şaşırıyorum. Bazen de bana sahip çıkıp beni kurtarmak için uğraşıyor. Annem çok kızdığı zaman "Baş belası geber inşallah, başımıza bu işleri getireceğine ölseydin daha iyiydi." diyor. Bu lafları duymak, bu hakaretleri görmek çok zoruma gidiyor.

Şimdi Kime Güveneceğimi Bilmiyorum...

Mektubunuzda bana **"Hayır Serpil, uzat ellerini, bak biz sana kucak açıyoruz. Seni gönül bahçemize davet ediyoruz."** diye yazmıştınız. Ellerimi uzattım ama siz burada olmadığınız için başkalarına uzattım. Ellerimi tutanlar bana sahip olmaya, beni kullanmaya kalkıştılar. Şimdi kimseye güvenemiyorum. Gösterilen sevgi gülücüklerinin arkasında çok pis çıkarlar var. El uzattığım birkaç kişide bunu gördüm, bunu yaşadım.

"Biz bu dünyaya mutlu olmak, sevmek, sevilmek ve sevgiyi paylaşmak için geldik." diyorsunuz mektubunuzda. Belki bunun için geldik ama bunun için yaşamıyoruz. Sanki kullanılmak için gelmişiz. Sanki mutsuz olmak, üzülmek, hakaret görmek için gelmişiz. Benim yaşadığım hayatın neresi insanı mutlu eder bilmem ki?

Neyse hocam, fazla uzattım. Mektubuma istemeyerek son verirken benimle ilgilendiğiniz, sorunlarımı okuyup paylaştığınız için size çok teşekkür ediyorum. Benim durumumu öğrencilere anlatın, ibret olsun diye anlatın lütfen. Başkalarının da benim durumuma düşmesini önleyin.

Kendinize iyi bakın. Öğrencilerinize selamlarımı söyler misiniz lütfen?

Sevgilerimle

Serpil

SEVDİĞİM KİŞİ BİR SÜRE BENİMLE KONUŞMASA BENDEN AYRI KALSA BİLE ENİNDE SONUNDA MUTLAKA GELİRDİ SEVDİĞİNE. ZATEN SEVEN, SEVDİĞİNİ KOVMAZ, GİTMİŞSE DE ZORLA GETİRTMEYE KALKIŞMAZ. ZORLAMANIN OLDUĞU YERDE SEVGİ OLMAZ. BASKI SEVGİYİ SOLDURUR, BİTİRİR, YOK EDER.

EMSALLERİN UÇUP GİDERKEN SEN GERİDE KALMAMALISIN...

Merhaba canım,

Bazen gelen mektuplara cevap yazmam gecikiyor çünkü çok mektup alıyorum. Günde 3–4 mektuba cevap yazdığım oluyor. 10–15 gün hiç yazmadığım da oluyor.

"Bu olay başıma geldiğinde kendimi kötü bir kız olarak görüp suçlamaya başlamıştım. Bu süre devam etti. Eski, güzel günlerime dönemeyeceğimi zannediyordum. Yaşıyordum ama bir ölüden farkım yoktu. Mektubunuzu okuyunca eski günlerime dönebileceğimi, neşeli, canlı ve yüreği sevgi dolu Serpil olabileceğimi düşündüm." demişsin mektubunda ve **"Ne diyorsunuz hocam, bunu gerçekten başarabilir miyim?"** diye de sormuşsun.

Elbette ki başaracaksın Serpil.

Benim çocukluğum köyde geçti. Bizim köye kar çok yağar, her tarafı bembeyaz bir örtü kaplardı. Yiyecek bulamayan kuşlar, evlerimizin önüne, ağıllarımıza gelirdi karınlarını doyuracak bir şeyler bulabilmek için.

Amcamın çocuklarından biri, gelen kuşlara silah sıkardı. Bir gün koyunlara yem verirken bir tüfek patlaması duyduk. Bir serçe **"pat"** diye avlumuzdaki kuyunun yanına düştü. Bembeyaz karın üstü birkaç damla kanla benek benek olmuştu. Serçecik çırpınıyor, havalanmak için kanat çırpıyor ama bir türlü uçamıyordu. Elime alıp baktım; bir saçma sol bacağına, tam kemiğin üzerine isabet etmiş ve onu ikiye ayırmıştı. Bacağı sadece bir deri parçası tutuyordu. Bir başka saçma da kanatların birine gelmiş, onu parçalamıştı. Serçe'yi elime aldığımda kalbi pıt pıt atıyordu. Hayvancağız hem korkudan, hem soğuktan tir tir titriyordu. Onu ağıla götürdüm. Orası sıcaktı. Sonra oradan alıp bir gazete kâğıdının üzerine koyarak eve getirdim ve sobanın yanına bıraktım.

Benim en büyük amcam kırık-çıkıktan anlardı. Kuşu alıp onun evine götürdük. Kalemden daha ince iki tane çubuk aldı. Serçenin bacağını bu iki çubuğun arasına düzgünce yerleştirip sardı. Kanadını da aynı şekilde sardıktan sonra "Götürüp iyi bakın, sıcak yerde olması lazım, sobanın yanından ayırmayın." dedi. Biz kapıdan çıkarken "Keşke ebeniz de bu hareketinizi görseydi." deyip ağladı. (Bizim köyde babaanneye ebe denir.) Ebemiz de bizi çok severdi.

Serçeyi bir beze sardım, cebime koyup eve getirdim. Sobanın yanına bıraktım. O kadar uğraşmamıza, önüne farklı yiyecekler koymamıza rağmen serçe o akşam hiçbir şey yemedi. Gözleri kapalı duruyordu, uyuyor muydu yoksa baygın mıydı bilmiyordum.

Sabah uyandığımda merakla kuşun yanına koştum. Gözleri açıktı ama hiç hareket etmiyordu. Önüne koyduğumuz yiyeceklerden bir kısmını yemesine çok sevindik. Akşama doğru serçemiz biraz daha kendine geldi, canlandı.

Minik serçemiz sanki ailemizden biri olmuştu. Kendisine kardeşimiz gibi bakıyorduk. Sabahları bazen "cikcik" diye ötüyordu. Gittikçe daha çok iyileşiyor ve daha da canlanıyordu.

Üç hafta sonra amcam sargıları açabileceğimizi söyledi. Heyecanlandık. Babam özenle açtı sargıları. Aaa o da ne? Serçe hiç kıpırdamıyordu bile. Birden çok korktum ve babama "Yoksa yürüyemeyecek mi, uçamayacak mı?" diye sordum. Babam "Hayır oğlum, uçacak elbette. Yalnız o sargıya alıştığı için öyle hemen fark edemez sargıların açıldığını. Bir süre sonra hareket eder." deyince rahatladım.

Serçeyi sargısız olduğu halde bıraktık. Koyunlara bakmaya gittik. Bir süre sonra kardeşim pencereyi açıp "Koşun, koşun, serçe yürüdü." diye bağırdı. Koşarak geldik. Artık yavaş yavaş yürüyordu ancak topallıyordu. Babam bunun da bir süre sonra geçeceğini söyledi.

İki gün sonra kuşu alıp uçsun diye pencerenin yanına koyduk fakat uçmadı. Ben de uçmasına yardımcı olmak için arkasından ittim, yere düştü. Aceleciliğim yüzünden az daha onu yeniden yaralayacaktım.

Serçemiz, bir hafta daha kaldı evimizde.

Ve bir gün uçup gitti. Önce avlumuzun üzerinde birkaç tur attı. Sonra gökyüzüne doğru havalanıp gözden kayboldu.

Ondan sonra ağılımıza gelen serçelerin arasında var mıydı bilmiyorum.

"Ne diyorsunuz hocam, acaba bunu gerçekten başarabilecek miyim?" diye soruyorsun.

Evet Serpil, başaracaksın. Ruhundaki karanlık aydınlanacak, yüreğindeki kötü duygular yerini güzel duygulara bırakacak, yüzündeki korku dolu bakışlar, gözlerindeki endişe, sevgiyle ümitle yer değiştirecek ve sen eskiden olduğu gibi yaşama yeniden "Merhaba" diyeceksin. Tıpkı bacağı kopmuş, kanadı kırılmış minik serçemiz gibi.

Arkadaşların, Emsallerin Uçup Giderken Sen Geride Kalmamalısın...

İlk mektubun beni çok üzmüştü. Bu mektupların da beni o derece sevindirdi çünkü sen de gözlerini yeniden açtın, kıpırdadın. Biraz daha gayret Serpil; arkadaşların, emsallerin uçup giderken sen geride kalmamalısın. Haydi canım, göreyim seni. Benim bizde kalan o yaralı serçeyi daha sonra diğerlerinden ayırt edemeyişim gibi insanlar da yeni Serpil'i eski Serpil'den ve emsallerinden ayırt edemeyecekler.

"Yaşadığım olayı ablamdan başka kimseye anlatamamıştım. Aileme anlatsam çok kızarlar, beni öldürürler diye korkuyordum. Ablam anlatınca beklediğim gibi olmadı. Yani bana kızmadılar ama çok üzüldüler." demişsin mektubunda.

Mektubunun bir başka yerinde de **"Bazı konularda çok ön yargılıyım. Bir şey hakkında ön yargılarımla çok kesin konuşurum; sonra da bir bakarım ki kesin olarak konuştuklarımın hiç birisi olmamış."** diye yazmışsın.

Kendi kendimize ne büyük engeller koyuyoruz Serpil. Pınar Yılmazer'in **"Mucize İçimizde Saklıdır"** diye bir kitabı var, okudun mu bilmiyorum. Pınar bu kitabında diyor ki **"Biz kendimizi küçümseme eğilimi içinde oluruz çoğu zaman. Ön yargıların, ayıpların, yasakların baskısıyla 'Ya yanlış anlaşılırsam ya hakkımda kötü düşünürlerse?' diye korkup duygu ve düşüncelerimizi ortaya koymaktan çekiniriz. Böylece kendi doğrularımızı bulmak, kendimizi yaşamak yerine başkası gibi olup çıkarız."**

Ön Yargılar, Önce Kendimizle Sonra da Çevremizle İletişim Kurmamızı Engelliyor...

Bak sen de ailene anlatabileceğin konuları "Bana kızarlar, beni öldürürler!.." diye korkup anlatmamışsın. Anlatınca da korktuğun gibi davranmadıklarını görmüşsün. Demek ki kendi kendimize oluşturduğumuz ön yargılar bizi sınırlıyor, engelliyor. Beynimizde bu ön yargılar bulunduğu sürece kendimizi ve çevremizdeki olayları doğru bir biçimde algılayamıyoruz. Ne kendimizi olduğu gibi anlatabiliyoruz ne de çevremizi olduğu gibi anlayabiliyoruz. Bu yüzden ön yargılar, önce kendimizle sonra da çevremizle iletişim kurmamızı engelliyor. Ön yargıyla yaklaştığımız olaylar, her zaman bizim beklentilerimize uygun gerçekleşmez.

Bu durum toplumsal ilişkilerimizde de böyle. Örneğin; kirvenizin sana yaklaşımı... "... Sen arızalı bir malsın. Bilirsin arızalı malın değeri düşük olur. Arızayı gizlersen o başka tabii. Bu halinle hiç kimsenin gözünde beş paralık değerin olmaz. Ben de senin arızanı tamir etmek istiyorum."

Bu nasıl bir anlayış bilemiyorum. Hem sana "arızalı" diyor, hem de aynı arızayı kendi de yaşamak istiyor; üstelik bunun adını da "tamir" koyarak. Toplumumuzda böyle bir durumu yaşayan kadınların "arızalı" bu duruma neden olan erkeklerin "normal" karşılanmalarını bir türlü anlayamıyorum Serpil.

Kirvenizi tanımamama rağmen kendisinden sıkıldım. Bunu söylemek çok mu ağır gelir bilmiyorum ama iğrendim. Sen cesurca anlattığın için haberimiz oldu. Kim bilir toplumda böyle olduğu halde bilinmeyen, tanınmayan nice insanlar vardır?

Bir de toplumumuzda namus, bekâretle değerlendiriliyor. Bu değerlendirmeyi yapanlar yine erkekler oluyor. Hâlbuki namus, şeref, bekâret gibi değerler kişinin kendisine aittir. Bunlar üzerindeki söz hakkı, bunlara sahip çıkma hakkı kişinin kendisine ait olmalıdır. Beyinlerinde başkalarının göremeyeceği şekilde namussuz olan insanların, namus temizleyiciliğine, bekâret bekçiliğine soyunmaları, hele de tamir etmek için namussuzluk yapmaları, buna da kendilerince bir takım yasal kılıflar bulmaları ne kadar iğrenç.

Geçen mektubumda da yazmıştım: Seni bu duruma düşüren kişi ile ilgili duygu ve düşüncelerini yeniden gözden geçirsen nasıl olur Serpil? Sanırım ona olan duyguların, onun hakkındaki düşüncelerin henüz netleşmemiş. Onu sevip sevmediğinin farkında değilmişsin, onunla evlendiğinde mutlu olup olmayacağını bilmiyormuşsun gibime geliyor.

"Kim bilir şimdi o, korkudan ne hâllere düşmüştür? Onun korkudan titreyen o komik haline öyle çok gülüyorum ki! Siz olsaydınız böyle birine gülmez miydiniz?" diye sormuşsun bana.

İnsan sevdiği birinin düştüğü durumlara nasıl güler?

Hayır Serpil, ben bu durumdaki birine gülmezdim. Hele de o, sevdiğim bir kimseyse hiç gülmezdim, tam tersi üzülürdüm. İnsan sevdiği birinin düştüğü durumlara nasıl güler? İçim yanar, yüreğim kan ağlardı böyle bir durumda. Sevdiğimin sevinmesine sevinir, onun üzülmesine üzülürdüm. O korktuğunda benim de içim titrerdi. Sevdiğimi **"canım"** sayardım. O, korku ve endişeyle uykusuz kalırken, bitmektükenmek bilmeyen gecelerde çaresizce kıvranırken ben uyuyamazdım, onun kıvranışlarını ruhumda hissederdim.

Sevdiğim kişi bir süre benimle konuşmasa benden ayrı kalsa bile eninde sonunda mutlaka gelirdi sevdiğine. Zaten seven, sevdiğini kovmaz, gitmişse de zorla getirtmeye kalkışmaz. Zorlamanın olduğu yerde sevgi olmaz. Baskı sevgiyi soldurur, bitirir, yok eder.

Şöyle bir söz okumuştum: **"Sevdiğini özgür bırak, seni seviyorsa zaten gitmeyecektir. Eğer gitmişse bil ki hiçbir zaman seni sevmemiştir."**

Ben de diyorum ki: Seni bırakıp gideni, kirve zoruyla, amir zoruyla, milletvekili zoruyla ya da ölüm tehdidiyle geri döndürmeye çalışmaktan vazgeç. Diyelim ki; o zavallı deyip haline güldüğün kişi döndü; bu korkuyla sana ne kadar sevgi verebilecek ki? Lütfen canım bunu bir kere daha düşünür müsün?

"Size hangisini anlatacağımı bilemiyorum. O genci mi, ailemi mi, kirvemizi mi, o gencin arkadaşını mı? Hangisine inanacağımı, hangisinin isteklerine uyacağımı şaşırdım." diye yazmışsın.

İsteklerine uyacağın bir tek kişi var: Sen. Evet, evet kendinsin o kişi. Herkesin bizlerden beklentileri farklıdır. Biz bu beklentileri yaşamaya kalkışsak kendimizi yaşayamayız ki. Şimdi seni düşünüyorum, o gencin arkadaşının ve kirvenizin senden çok iğrenç beklentileri var. Ailenin beklentileri daha farklı. Ailen her şeyden önce toplumdaki konumunu, aile şerefini düşünüyor; bunlara leke düşmemesini istiyor. Diğerleri de onların cinsel arzularını tatmin etmeni bekliyor. Hepsi de kendi çıkarlarını düşünüyor. Sen hiç kimse için önemli değilsin.

Bunların hepsini elinin tersiyle bir kenara ittiğin, içindeki Serpil'e **"Merhaba!"** dediğin ve artık kendi doğrularını yaşamaya karar verdiğin zaman problemler büyük oranda çözülecektir.

Gelelim üniversite konusuna... Dur bir dakika! Şimdi gelmeyelim. Mektubum epeyce uzun oldu. Bu konuyu da bir dahaki mektupta yazarım inşallah.

Bir dahaki mektubunda daha sevindirici haberler bekliyorum.

Sevgilerimle...

Alişan

BİZİM EVDE YAŞAMAK SUÇTU; SOFRAYA OTURMAK SUÇ, DIŞARI ÇIKMAK SUÇ, BİR ŞEY İSTEMEK SUÇ, OKULA GİTMEK SUÇ, ÖZÜRLÜ OLMAK SUÇ, SUÇ, SUÇ… HER ŞEY AMA HER ŞEY SUÇ… BİZ BÖYLE YAŞAMAYI İSTEMEMİŞTİK. BÖYLE BİR BABAYI DA SEÇMEMİŞTİK. BİZİ ONLAR İSTEMİŞTİ AMA YİNE BİZ SUÇLUYDUK. NE YAPALIM, BİZ DE SUÇLU OLMAYI KABUL ETTİK; ÇÜNKÜ BİR GÜN BİLE SUÇSUZ OLMAMIŞTIK Kİ SUÇSUZLUK NASIL BİR ŞEY BİLELİM!..

CİHAN'IN BİRİNCİ MEKTUBU

Özürlü Olduğum İçin Asla Ağlamadım

Merhaba,

Mektubu yazmaya başlamadan önce 15 dakika kadar düşündüm. "Acaba nasıl başlasam?" diye sordum kendi kendime. Nasıl başlayacağımı bilemedim. Aklımdan çok şey geçti. Öğrencilerin çoğu sana "Öğretmenim, Hocam, Alişan Bey…" diye hitap ediyor, konuşurken **"siz"** diyor ama ben siz yerine **"sen"** demek istiyorum; çünkü içimden öyle geliyor. **"Sen"** demek daha sıcak, daha içten geliyor. Seni öğretmenim olarak değil de arkadaşım olarak sevdiğim için "sen" demek istiyorum.

"Acaba mektubumu uzun mu yazsam, yoksa kısa mı?" diye de aklımdan geçirdim; çünkü sana anlatacağım o kadar çok şey var ki sayfalarca yazsam bitmez gibime geliyor. Her neyse... Bir insanı tanımak, onun kişiliğini anlamak için geçmişini ve yaşadığı ortamı bilmek gerekir. İşte ben de buradan başlamak istiyorum:

1980 yılında Sivas'ta doğmuşum. Babam bir kamu kuruluşunda çalışıyor, annemse ev hanımı. Annemle babam 1972'de evlenmişler. Annem ardı ardına üç tane kız çocuğu dünyaya getirmiş. Dördüncüsü de kız olarak doğmuş ama hemen ölmüş. Daha sonra da ben dünyaya gelmişim.

Ben dokuz aylıkken çocuk felci hastalığı geçirince babam "Ben tekrar evleneceğim!" diye tutturmuş. Gerekçesini de anneme şöyle açıklamış: **"Ben bir erkek evlat istedim ama sen hep kız çocuğu doğurdun. Erkek doğurduğun da sakat oldu. Senden bana hayır yok. Sen bunlarla ilgilenir, bu çocuklara bakarsın. Ben bir daha evleneceğim, o da bana bakar."**

Buna hangi kadın razı olur? Tabii annem de razı olmamış. Benden sonra iki kız daha olunca babam inadını daha bir ısrarla sürdürmüş. Sonunda annem bir erkek çocuğu daha dünyaya getirmiş. Annem kucağında bu çocukla babama kız istemeye gitmiş ama adam kızını babama vermemiş.

Ben Kaçamazdım Çünkü Felçliydim...

Ben o zamanları az hatırlıyorum. Babam bizi görünce sanki şeytan görmüş gibi olurdu, en ufak bir olayda hepimizi döverdi. Babam çay içmeyi sevmezdi, bu yüzden bize de çay içirmezdi. Hâlbuki ben ve kardeşlerim gece yatmadan önce çay demleyip içmeyi, peynir ve zeytinle kahvaltı etmeyi çok severdik. Bu yüzden o yattıktan sonra kendimize kahvaltı hazırlardık. Haberi olmasın çay içtiğimizi duymasın diye, çayın şekerini usulca karıştırırdık. Kaç kez bizi kahvaltıda yakalayıp siniyi ters çevirdiğini ve üzerine çıkıp tepindiğini hatırlıyorum. Bize bağırırken kardeşlerim korkudan öbür odaya kaçışırlardı. Ben kaçamazdım, sofranın yanında kalakalırdım; çünkü felçliydim.

O zamanlar oturduğumuz köy dağlık bir yerdi. Ablalarım dağlarda odun toplar ve onları sırtlarında eve taşırdı. Okula giden öğrenciler yakacaklarını da kendileri götürürlerdi. Her öğrenci, her gün bir odun götürmek zorundaydı. Ablalarım okula odun götüremezdi; çünkü babam yasaklamıştı. Okula odun götürdüklerinde babamdan, götürmediklerinde de öğretmenden dayak yerlerdi!..

Çocukluğum kâbuslar içinde geçti. Hayata gözlerimi açtığımdan beri kavga gördüm, küfür gördüm, hakaret gördüm; hayatı öyle tanıdım, öyle bildim. Babam, annemin hiçbir suçu olmadığı hâlde onu her gün döver ve ağlatırdı. Bu çok zoruma giderdi; ancak elimden hiçbir şey gelmezdi. Zavallı annem bizi bırakıp gitmemek için nelere katlandı. İyice bunalıp dayanamadığı anlarda babasının evine gitti ama bu toplumca hoş karşılanmadığından annem tekrar kendi evine geldi, bazen de zorla getirildi. Dayanmak zorundaydı. Çevredekiler ona **"Dayanacaksın, başa gelen çekilir, talihin buymuş, kaderin böyleymiş!"** diyorlardı.

En büyük ablam anlatır: Babam, anneme bazen öyle dayanılmaz işkenceler yaparmış ki annem dayanamayıp intihar etmeyi düşünür ama yapamazmış. "Hayır, hayır, ben çocuklarımı bu zalimin eline bırakmamalıyım." deyip vazgeçermiş intihar etmekten. Yedi çocuğunu öksüz bırakmamak için katlanmış babama. Ben annemle gurur duyuyorum biliyor musun?

Ablam biraz büyüyünce babamla annemin kavgasında araya girer ve annemi babamın elinden kurtarmak için yalvarırmış. Annemi kurtarmak isterken kendisi de epey dayak yermiş. Ablam çok acılar çekmiş. 21 yaşında evlendi ama evleneceği güne kadar da dayak yemeğe devam etti babamdan.

Bizler büyüdükçe kavgalar daha da şiddetlenir oldu. Bazı geceler uykumuzdan annemin imdat isteyen acı feryatlarıyla uyanırdık. Ablalarım hemen annemin yardımına koşardı. Ben yine yerimden kıpırdayamazdım; çünkü ayakta duramazdım ki. Babam bazen kendisine engel olmak isteyen ablalarımı da döverdi. Bazen de kimse engel olmasın diye annemi içeri kapatır, kapıyı kilitleyip dövmeye başlardı. Annemin acı çığlıklarına dayanamayıp kapının önüne birikir ve bağrışarak ağlaşırdık. Dışarıdan içeriye yalvarırdık ama babam bizi dinlemez, annemi dövmeye devam ederdi.

Bazen kapının önünde, ağladığımız yerde uyuyakalırdık. Rüyamızda da çok kötü ve korkunç kâbuslar görürdük. Ben geceleri yatağımda birdenbire sıçrayıp uyanır ve ağlamaya başlarmışım. Ambarın ve evin üstünde birilerinin koştuğunu söyleyip bir daha da uyuyamazmışım.

Ben özürlüydüm ama bunun farkında değildim. Özürlü oluşum o zamanlar beni rahatsız etmezdi; çünkü ben kendimden çok annemi düşünürdüm. Karnımız açtı çoğu zaman, buna razı olurduk; ama annemin çektiği çilelere razı olmazdık, olamazdık.

Bazı arkadaşlarımın anne babaları el ele tutuşarak yürüyor. Ben onlara hep imrenirim. Bizimkiler bırakın yürümeyi, birbirleriyle konuşmuyor bile. Annemle babamın bir gün bile yan yana oturup konuştuklarını, birbirlerine bir şeyler söyleyip gülüştüklerini görmedik. Onları bir kerecik bile olsa öyle görmek, kanımca bizi bir yıl mutlu etmeye yeterdi ama göremezdik işte.

Annem ondan sonra iki doğum daha yaptı ve biz dokuz kardeş olduk. Annem istemiyordu ama babam ille de erkek çocuk deyip duruyordu. Bunun cezasını kendisi çekmiyordu tabii ki, biz çocuklar çekiyorduk.

1988'de köyden Adana'ya taşındık. Yaşamımızda değişen hiçbir şey olmadı, sadece oturduğumuz ev değişmişti.

Geldiğimiz yıl okula başladım. Başka çocukların babaları, onların elinden tutup okula kaydetmeye götürürken babam beni götürmedi. Benimle hiç ilgilenmedi; hatta okul ihtiyaçlarımı bile almadı. Üçüncü sınıfa kadar okula tek defterle gittim. Ondan sonra annemle büyük ablam çalışmaya başladı. Çapa yaptılar, pamuk, kavun, karpuz, portakal topladılar.

Yaz-kış, yağmur-çamur demeden ellerinden geldiği kadar çalışıp benim ve kardeşlerimin ihtiyaçlarını karşıladılar.

Üçüncü sınıfa kadar tek defterle okula giderken, üçüncü sınıfın başında annemin bana her ders için ayrı bir defter alması beni ne kadar sevindirmişti bilemezsin. Çok mutlu olmuştum. Kollarımdan geçirip sırtımda taşıdığım bir çanta bile almıştı.

Annemle ablam bizim için uğraşırken, babam tüm vaktini mahalledeki kız arkadaşları ile geçirirdi. Bir de tezgâhtar sevgilisi vardı. Akşama kadar onun çalıştığı mağazada oturur, onunla sohbet ederdi. Akşam da tarladan yorgun argın dönen anneme sevgilisiyle konuştuklarını anlatırdı. Zavallı annem de oturur ağlardı. Bir insanın buna dayanması mümkün mü sence?

Çocukluğum Harçlıksız Geçti...

Babam şimdiye kadar bana sadece bir kere harçlık vermişti. Bir defasında okula giderken 5 lira verdi. Çok sevindim; hatta içimdeki sevinç beni o kadar heyecanlandırdı ki boynuna sarılıp öpmek istedim. Ancak daha önce bunu hiç yapmadığım için öpemedim onu. Önceleri bana harçlık vermediği için okulun önündeki tablacıdan bir şey aldığımda borçlanırdım. Bazen şeker, bazen gofret alırdım; en çok da pamuklu şekeri severdim. Babamın verdiği parayla borcumu ödedim. Artan parayı da harcadım. Akşam eve geldiğimde annem parayı ne yaptığımı sordu. Ben de babamın o parayı harçlık olarak verdiğini, bunun için de harcadığımı söyledim. Meğer babam o parayı bana yanlışlıkla vermiş. 5 lirayı 50 kuruş sanmış. O zaman küçük sarı paralar yeni çıkmıştı, meğer o yüzden şaşırmış.

Hepsini harcadığımı öğrenince beni bir dövdü, bir dövdü ki harcadığım parayı bana zehir etti. Dayaktan sonra oturup ağladım, çok zoruma gitmişti. "Keşke özürlü olmasaydım çalışıp parasını verebilseydim." dedim kendi kendime ama çaresizdim, çalışamıyordum.

Şimdi ben 18 yaşındayım. Bugüne kadar bir kere olsun yanına oturup sohbet edemedim; çünkü hem bende o cesaret yoktu, hem de babam o cesareti bir kerecik olsun bana vermemişti.

Bizim evde yaşamak suçtu; sofraya oturmak suç, dışarı çıkmak suç, bir şey istemek suç, okula gitmek suç, özürlü olmak suç, suç, suç... her şey ama her şey suç... Biz böyle yaşamayı istememiştik. Böyle bir babayı da seçmemiştik. Bizi onlar istemişti ama yine biz suçluyduk. Ne yapalım, biz de suçlu olmayı kabul ettik; çünkü bir gün bile suçsuz olmamıştık ki suçsuzluk nasıl bir şey bilelim!..

Bir gün, okula da birlikte gittiğimiz benden bir yaş büyük ablamla gezmeye gitmiştik. Karşıkaya'daki Anadolu dolmuşlarının son durağı kanalın yanıydı. Biz kanalın yanında gezerken dolmuşların kooperatif başkanı bizi görmüş, beni yanına çağırdı. Daha yakından tanımak için sorular sordu. Sonra "Yarın babanla gel, seni hastaneye göndereyim." dedi. Ben de "Tamam." diyerek oradan ayrıldım.

Eve gelince o kadar uzaklara gittiğimiz için bize kızar diye babama söyleyemedim. "Baba! Kooperatif başkanı bizi çağırdı, yarın bekliyor, beni hastaneye gönderip tedavi ettirecekmiş. Belki o zaman tek başıma yürüyebileceğim." diyemedim. Beni dövmesinden korktum. Babamla rahat konuşabilseydim o adam beni ameliyat ettirecek ve belki de okula iki koltuk değneğine ihtiyaç duymadan gidebilecektim. O zaman sen arkadaşlarımızla top oynarken ben de bir köşeye oturup sizi seyretmek zorunda kalmayacaktım. Ben de seninle voleybol oynayabilecektim. Sen arkadaşlarımı tahtaya kaldırırken beni atlamak zorunda kalmayacaktın. Diğer arkadaşlarım gibi ben de tahtayı silebilecek ve kapıda nöbetçi olabilecektim.

İlkokuldan **"Pekiyi"** ile mezun oldum. Ortaokul uzak olduğu için babam beni yazdırmadı. Çok ağladım, hiç konuşamadığım babamın karşısına geçip yalvaran gözlerle baktım. "Uzak da olsa gidebilirim." dedim ama yazdırmadı. Bunları kendisine doğrudan söyleyemiyordum. Bir kâğıda yazıp masasına bırakıyordum, koridorda görebileceği yerlere asıyordum, kapıya yapıştırıyordum, anneme söylettiriyordum. Herkes duydu, bir tek babam duymadı. Olmadı, olmadı işte.

O yılım okul dışında geçti. Pencerenin kenarına oturur, sırtlarında çantalarıyla okula giden çocukları seyrederdim. Onları gördükçe kendilerine imrenirdim. Beni en çok, ellerinden tuttukları çocuklarını okula götüren anne ve babalar duygulandırır ve ağlatırdı.

Bir yıl sonraki Eylül ayında Gürselpaşa Mahallesi'ne taşındık. O yıl okula yazıldım. O kadar sevindim ki sanki dünyalar benim oldu. Evimiz okula biraz uzak olduğu için gidip gelirken çok yoruluyordum. Babam bana yine harçlık vermiyordu.

Orta ikinci sınıfa başladığımda, okulların açıldığı ilk gün babam bana "Artık başının çaresine bak, kendi ihtiyaçlarını kendin karşıla." dedi. Ne yapacağımı bilemiyordum, çaresizdim. Derdimi kimseye de anlatamıyordum.

Sakatlar Derneğinde Gazete Satıyordum...

Çok düşündüm ve sonunda Sakatlar Derneğine gitmeye karar verdim. Gidip durumumu anlattım ama umduğumu bulamadım. Dernek gazete çıkarıyormuş. Elime bir tomar gazete tutuşturdular, "Bunları böyle böyle satacaksın. Şu kadarını alacaksın, bize de bu kadarını getireceksin!" dediler.

Yıl 1993. Gazete 50 kuruş. Bunun 20 kuruşu benimdi. Artık boş zamanlarımda gazete satıyordum. Bazen günlük kazancım 6 –7 lira oluyordu. Artık para kazanıyor ve kendi ihtiyacımı kendim karşılıyordum. Ders kitaplarıma, defterlerime ve kalemlerime varıncaya kadar her bir şeyimi aldım. Bu işi yaklaşık bir yıl yapmıştım ki o gazete kapandı, ben de işsiz kaldım.

Orta üçe geçtiğim yaz tatilinde ne yapacağımı düşünüyordum. Okulların açılmasına az kalmıştı. Günler geçtikçe endişem artıyordu. Tabii bu arada evde de kavgalar devam ediyordu. Ayda birkaç defa evdekilerden ihtiyaçlarımı almalarını isteyemezdim; çünkü onlar artık kendi başıma para kazanabileceğimi görmüşlerdi.

Okullar açıldı ve artık bir çare bulmam gerekiyordu. Çarşıda zengin yerleri dolaşmaya başladım. Birçok iş yeri sahibi beni küçümsüyor ve bana yüz çeviriyordu. Hiç kimse okul ihtiyaçlarımı almak istemiyordu. Sonunda bir parti yetkilisi, bir kırtasiyeye telefon edip bana yardımcı olmalarını istedi. İş yeri sahibi de tüm okul ihtiyaçlarımı eksiksiz karşıladı.

Okula devam ederken ara sıra Sakatlar Derneğine gidiyor, "Yapabileceğim bir iş var mı?" diye soruyordum. Bu arada özürlü arkadaşlar kendi aralarında bir tiyatro kurdu. Bana da satmak için tiyatro oyununun biletlerini verdiler. Ben de onları sokak sokak, dükkândükkân dolaşarak satmaya başladım. Bir keresinde, bir oyundan sonra tükenmez kalemle üzerindeki tarihi değiştirdikleri aynı biletleri tekrardan satmam için yine bana verdiler.. Ben de şüphelenip "Bu biletler gerçek mi, sahte mi?" diye sorunca bana kızdılar ve hiç kimseye bundan söz etmemem için sıkı sıkıya tembihlediler. Ne yapacağımı şaşırdım. Satsam biliyordum ki bu biletler sahte, satmasam yine biliyordum ki beni dövüp oradan kovar ve bir daha da iş vermezlerdi. Ailemse zaten bana karışmıyor ve "Para kazansın da nasıl kazanırsa kazansın." diye düşünüyordu.

Bu biletleri satışımın dördüncü gününde adamın biri derneğe telefon açıp böyle bir oyunun sahnelenip sahnelenmediğini sormuş. Dernek yöneticileri de "Hayır, böyle bir oyun yok." deyince adam "Ama sizin bir üyeniz bu oyunun biletini satıyor." demiş.

Tabii olanlar olmuş. (Bana bilet verip sattıran dernek üyelerinin hepsi de yetişkin insanlardı) Dernekler Masası Kanunu'na göre Sakatlar Derneğinin beni mahkemeye vermesi gerekiyormuş. Onlar da gerekeni yapmışlar.

Ben okuldayken polisler eve gelip beni sormuşlar. Babam da "Onun yaptığı beni ilgilendirmez. Şimdi evde yok." demiş. Ertesi gün ifade vermek için Denizli Mahallesi Karakoluna gittim. Oradaki polisler bana "Baban, senin hakkında böyle böyle söyledi." dediler. Ben de babam hakkında biraz konuştum. Bana "Baban hakkında şikâyetçi ol." dediler. Bir süre düşündüm. Sonra "Böyle bir şey yaptıktan sonra babamdan ayrı yaşamam lazım. Bu da mümkün olmadığına göre daha sonra cezasını yine ben çekeceğim." diye düşünüp şikâyetçi olmadım. Neyse mahkeme üç ay sürdü, gerçek suçlu ben olmadığım için beraat ettim ve bugünlere geldim.

Ben evde her zaman susturulduğum için konuşma yeteneğim gelişmemiş. Bazen konuşmak istiyorum ama bu defa kelime dağarcığımın çok yetersiz olduğunu fark ediyorum. Bu mektubu yazmaya başlamadan önce yazma yeteneğimin de olmadığını zannediyordum. Ancak sana yazmaya başlayınca anlatmak istediklerimi pek de zorlanmadan yazabildiğimi fark ettim; mutlu oldum, kendime güvenim geldi. İnsan, seninle konuşurken, sana yazarken kendini ne kadar rahat hissediyor, bunun farkında mısın?

Acaba Ben İki Kişilikli miyim?

Kendimin iki kişilikli olduğunu düşünüyorum: Biri gerçek ben; yani duygusal, içi sevgi dolu olan Cihan. İkincisi de babamın fotokopisi olan ben; kavgacı, sinirli, öfkeli ve döven Cihan. Örneğin bazen kardeşimin en ufak bir hareketinden dolayı sinirlenir ve onu döverim ama yalnız kaldığımda bu hareketimin yanlış olduğunu anlar, üzülür ve ağlarım. İkinci kişiliğim evde, ailede daha çok etkili olur. Dışarıda ise daha çok gerçek ben olurum.

Son zamanlarda bana verdiğin kitapları okudukça kendimi daha iyi anlıyorum. Bazen evlendiğimde eşime nasıl davranacağımı düşünüyorum. Onu çok severdim herhâlde. Eve her gelişimde ona sarılır ve onu öperdim... Ve tekrar düşünürüm. Peki, bunu şimdi evdeki aileme neden yapmıyorum? İşte bu bana imkânsız geliyor. Önce gerçek ben olarak düşünüyorum. Bu da çok zoruma gidiyor. Bana bu konuda yardımcı olur musun? Bundan kurtulmak için her şeyimi vermeye hazırım.

Az önce konuşmakta güçlük çektiğimi söylemiştim ya, işte bu dünyadaki en büyük sorunumdur. Konuşmamak, içimde çok derin ve büyük yaralar açtı. Bu yüzden kendimde hep bir eziklik hissettim. (Hayattaki en büyük idealim; senin gibi güzel konuşabilmek.) Konuşmadığım için hiç dostum olmadı şimdiye kadar. Senden aldığım **"Paylaşmak ki O En Güzel"** adlı kitapta şöyle yazıyor: **"Bir insanla paylaştığımız şeyler yüzeyselse bu dostluğun gerçek anlamda**

bir dostluk olduğu söylenemez. Yirmi yıl geçse bile bu ilişki hep yüzeysel kalır."

Anlatamıyorum işte, ben de böyleyim. Üç yıl aynı sınıfta birlikte okuduğumuz bir arkadaşımı görsem ona selam veririm ama onunla konuşamam. Yani tanıştığım insanlarla samimi olamıyorum. Kurmaya çalıştığım iletişim soru ve cevaplarla geçiyor. **"Bedenin Dili"** kitabında Acar Batlaş **"İletişim kişiye değil, kişiyle yapılır."** diyor. Karşımdaki kişinin yanında suskun kalınca o kişi sıkılıyor ve iletişim kurulamıyor. Bu her zaman böyle oluyor.

Cumartesi günü sana telefon açtığımda, bana üniversite kararımı sormuştun. Ben de bu konuyu telefonda konuşamayacağımı, mektuba yazacağımı söylemiştim. Çünkü telefonda bu konuyu konuşamazdım; şaşırıp dilim dolanırdı hatta hiçbir şey anlatamazdım.

Biliyor musun seninle samimiyet kurduğumuzdan bu tarafa kendimde az da olsa bazı olumlu değişikliklerin olduğunu fark ediyorum. Eğer bana yardım edersen kendimi daha da geliştireceğime inanıyorum.

Özürlü olduğum için asla ağlamadım, kendimi eksik hissetmedim. Vücutları sağlam olan bazı arkadaşlarımız daha çarşıya bile gitmemişken yaz tatilinde tek başıma yaklaşık 10 şehre gittim. Tek başıma aylarca otellerde kaldım. Çamaşırımı kendim yıkayıp ütüledim. Sağlam olan birçok insanın yapmaya cesaret edemeyeceği şeyleri yaptım ve bundan çok gurur duydum.

Hocam biliyor musun; bana dolmuşta, otobüste yer vermedikleri zaman çok mutlu olurum! Zira yer vermeyen insanların beni özürlü olarak görmediklerini düşünüyorum. Bugüne kadar özürlü olduğum için tek bir defa hayal kırıklığına uğradım ve üzüldüm. Orta birinci sınıfa giderken güzel bir kıza âşık olmuştum, tam iki yıl boyunca onu gizli gizli sevdim. Nihayet kendisine açıldığımda özürlü olduğumu öne sürerek arkadaşlık teklifimi kabul etmedi; bana gülüp geçti, benimle âdeta alay etti...

Allah Ayaklarımı Almış Ama Daha Değerli Bir Şey Vermiş: YAŞAMA SEVİNCİ

Evet, Allah benden ayaklarımı almış ama ondan bin kat daha değerli bir şey vermiş bana: YAŞAMA SEVİNCİ. Her şeye rağmen nefes aldığım için çok mutluyum. Nice insanlar var görünüşleri sapasağlam, üstelik de zenginler ama yaşamaktan bir tat almıyorlar, mutsuzlar, huzursuzlar. Oysa benim içim aydınlık, apaydınlık hem de.

Ablamın komşusu olan yeni evli genç bir hanım var. Ablama demiş ki: "Ben senin kardeşin Cihan'ı çok seviyorum. Ne güzel, hayat dolu bir insan. Yüzü hep gülüyor ve her zaman çok mutlu." Yine geçenlerde evde birkaç kişi sayısal loto oynamıştık, "Eğer para bize çıkarsa neler yapabiliriz?" diye hayaller kuruyorduk. Bana "Sana çok para çıkarsa herhâlde ameliyat olursun." dediler. Ben de "Hayır, çok param olsa bile şimdiki durumumu değiştirmek için ameliyat olmam."

diye cevap verince hayret ettiler. Gerçekten de böyle mutluyum çünkü kendimi olduğum gibi kabul etmişim. Eğer Aydın Menderes gibi ileri yaşlarda böyle olsaydım o zaman belki ameliyat olmayı isteyebilirdim.

Üniversite Konusuna Gelince...

Lise birinci sınıfa gelinceye kadar bende **"üniversite"** diye bir kavram ve hâliyle de **"üniversiteyi kazanma"** gibi bir amaç yoktu. Sen, lise birde sınıfımızda girdiğin ilk derste niçin okuduğumuzu, neden bu liseyi seçtiğimizi sormuştun. Sonra lise eğitiminin ne demek olduğundan, bundan sonra önümüzde ne gibi seçeneklerin bizi beklediğinden bahsetmiştin. İşte o derste, üniversite ile ilgili ilk kıvılcım içime böylece düşmüş oldu. Sonraki derslerde bizim okuldan mezun olup da üniversiteyi kazanan öğrencilerden bazılarını sınıfa getirmiştin. Onlar da sınava nasıl hazırlandıklarını, üniversite ortamında bizleri nelerin beklediğini anlatmışlardı. Nasıl da hayran olmuştuk o ağabeylere ve ablalara? O günden sonra içimdeki kıvılcımın gittikçe büyüdüğünü fark ettim.

Üniversite sınavlarına girmemize yaklaşık iki yıl var. Ben önümüzdeki bu iki yılın geçmesini sabırsızlıkla bekliyorum. Tabii ki bu arada hazırlıklara da başladım. Lise ikiye geçince seni bekledim. Ancak girmeni beklediğim bazı derslerimize girmeyince hayal kırıklığına uğradım. Hani bizi üniversite sınavlarına hazırlayacaktın?

Azimliyim, Hırslıyım ve Kazanacağım...

Tek başıma hazırlanmam zor çünkü bana yardım edebilecek kimse yok. Dershaneye gidemem. Okul harçlığımı bile vermeyen babamın beni dershaneye yazdıracağını zannetmiyorum. Belki yaz tatilinde çalışıp para biriktirir, dershaneye gidebilirim. Yani kazanmak için elimden gelen her şeyi yapacağım. **"%100 Düşünce Gücü"** adlı kitapta **"Gerekeni yap, güce sahip ol."** diyor. Ben de öyle yapacağım. Kararım kesin; azimli ve hırslıyım, mutlaka kazanacağım.

Bu arada ODTÜ hariç Ankara'daki üniversitelerin tamamını, İstanbul'dakilerin ise bazılarını gezdim.. Çukurova Üniversitesi'ne 15–20 defa bilet satmak için gitmişimdir. Oradaki öğrencileri görünce içimdeki üniversiteyi kazanma isteği kat be kat artıyor.

Üniversiteyi kazanmayı bir de niçin istiyorum biliyor musun? İleride, 25 yaşlarında falan evlenmeyi düşündüğümde istediğim biriyle evlenebilmem için okumam gerekiyor. Biliyorum, eğer okumazsam kimse benimle evlenmek istemez. Çevremdeki bazı insanlar eğer okursam kızlarını bana verebileceklerini söylüyorlar. Sen de bir yıldır anlata anlata gözümüzü açtın. İçimizdeki kapasiteyi kullanmamız için bizi harekete geçirdin. Şimdi sana diyorum ki: "Yeter artık yeter, al beni ne yaparsan yap, yeter ki üniversiteye götür!.."

Meslek tercihim ise sık sık değişiyor. Örneğin; geçen yıl "Hukuk okuyup avukat olacağım." diyordum. Sonra "Acaba bu mesleği yapabilir miyim, mesleğimde seve seve çalışan bir avukat olabilir miyim?" diye düşündüm. Hayır, hayır, avukatlık bana göre değildi. Devamlı olarak sorunlu insanlarla uğraşıyorsun, suçluları bile savunmak durumunda kaldığın anlar oluyor. Bu mesleği sevemem; çünkü yufka yürekli, duygusal bir insanım.

Sen dersimize girdikten sonra öğretmen olmayı kafama koydum. Üniversiteden mezun olduktan sonra da eğitime devam edip öğretim görevlisi olarak üniversitelere girmek, profesör olmak istiyorum.

Bazen de psikolog olmayı çok istiyorum. İnsanlarla konuşmak, onların dertlerini paylaşmak, zorda kalan insanlara yardım etmek, gözyaşlarını silip yerlerine ışıltılar koymak çok güzel şeyler. Bunları yaptığın anlardaki mutluluğunu hep yüzünden okudum. Eğer okumazsam bana iş bulacak, beni koruyup evlendirecek bir babam yok. Her işte çalışacak durumum da yok zaten. Ortalıkta kalakalırım diye korkuyorum bazen de.

Keşke Benim Babam Sen Olsaydın...

Bak sana bir şey daha anlatmak istiyorum:

Geçenlerde yaklaşık 20 gün önce, biz son dersteyken şiddetli bir yağmur yağmıştı. Dersten çıktığımızda birçok öğrencinin anne babası ellerinde şemsiyelerle çocuklarını bekliyordu. Hatta arabalarla bile bekleyenler vardı. Bizim sınıftaki Uğur Akgül'ün babası ticari bir taksi tutmuş ve onu bahçeye sokarak ders yaptığımız binanın kapısının önüne kadar getirtmişti. Hâlbuki Uğur koltuk değneklerine ihtiyaç duymadan yürüyebiliyor. Ben de sınıftan en son çıktım. O anda babamın ya da bir başkasının elinde şemsiyeyle okulun kapısında beni beklemesini çok istedim ama kimse yoktu.

Hiç acele etmeden, kaderime isyan edercesine o şiddetli yağmurun altında yürüye yürüye eve vardım. Merdivenden çıkarken babam karşımdan geldi. Sanki beni tanımayan bir yabancı gibi yanımdan geçip gitti. O babam olduğu için ondan söz ederken **"Babam"** diyorum. Ama bunu hiçbir zaman isteyerek söylemiyorum. Keşke o adam babam olmasaydı keşke babam sen olsaydın!.. Seni kendime çok yakın hissediyorum. Bu yüzden de sana **"Siz"** diye değil de **"Sen"** diye hitap ediyorum.

Ben geçtiğimiz yaz değil de ondan önceki yaz ameliyat oldum ve yaklaşık iki ay hastanede yattım. **"Baba"** dediğim o organizma, bir kere bile hastaneye ziyaretime gelmedi. Ne kadar zoruma gitmişti o zaman bu vurdumduymaz tavrı...

Kendisi müzik dinlemeyi sevmez, biz dinlediğimiz zamanlarda da kızar durur. Birazcık iyi günündeyse sesini kapatır, değilse kırılmış kırılmamış umrunda bile olmaz teybi yere fırlatır. İki defa müzik setimi paramparça etti bu nedenle. Üstelik kırdığı iki müzik setini de çalışıp biriktirdiğim kendi paramla almıştım.

Biliyorum mektubumu çok uzattım. Ama karşımda duruyormuşsun gibi konuşup sohbet eder gibi sana yazmak çok güzel, doyamıyorum.

O Gün Evden Kaçtım ve Cinsel Tacize Uğradım...

Şimdi sana hayatımda şu ana kadar karşılaştığım en ilginç (en korkunç desek daha doğru olacak) olayı anlatacağım:

Babam olacak o adam yine bir gün beni çok feci dövmüştü. Ben de ona kızıp evden kaçtım. İlk iki gece Taşköprü'nün yanındaki bankların üzerinde sorunsuzca yattım. Fakat üçüncü gece saat 02.00 civarında adamın birinin üzerine uzandığım banka doğru yaklaşıp "Hadi delikanlı bize gidelim, bizde yat, burada üşürsün." demesiyle korkuyla uyandım. Israr edince de evi ve ailesi var zannederek adamın peşinden gittim. Dolmuşla Kiremithane'de bir yere geldik. Lambası olmayan 3–4 m²'lik bir harabeydi burası. Korkuyla ürpersem de yine içeri girdim. İçeride kırık dökük iki divan vardı görebildiğim kadarıyla. Yaklaşık 40 yaşlarında olan adam kapıyı mavi renkli çamaşır ipiyle bağladı. Ardından bir köşede duran sopayı eline alıp bana döndü; "Bak delikanlı, eğer bir şey olursa kullanmak için bunu kapının yanına koyuyorum." dedi. Ben divanlardan birinin ucuna utana sıkıla oturmuşken o da gelip yanıma oturdu. İçimdeki korku, adamın elini bacağıma atıp okşamasıyla daha da büyüdü. O esnada kendimi çok yalnız, sahipsiz hissettim. Kalbim yerinden çıkacak gibi büyük bir hırs ve öfkeyle atıyor, kulaklarım uğulduyor, tüm vücudum ve benliğim şiddetle sarsılıyordu. O an ölüp ölüp diriliyordum... Yerimden nasıl fırladığımı bilmiyorum. Değneklerim elimde bir anda kapının önünde buluverdim kendimi ve olanca hızımla oradan uçarcasına uzaklaşmaya başladım. Caddeye ulaştığımda yoldan geçen ticari taksileri durdurmaya çalıştım ama durmadılar. Sonunda biri durdu. Şoföre paramın olmadığını söyledim ve beni Taşköprü'ye kadar götürmesinin mümkün olup olmadığını sordum. Şoför sağ olsun, beni arabasına aldı...

Daha sonra Sakatlar Derneğine gittim. Orada tiyatronun bürosu vardı. Arkadaşıma babamın beni çok dövdüğünü, bu yüzden evden kaçtığımı söyledikten sonra ağlamaya başladım. O da bana "Kafanı yorma, burada kalabilirsin." dedi. Bir saat sonra ise bana "Hadi bilete çık." dedi. Şok oldum. Ben ne hâldeyken o benden çalışmamı istiyordu çünkü kendisine para kazandıracaktım. Orada kalmak zorunda olduğum için "Hayır." diyemedim, gidip bilet sattım.

Okula da devam ediyordum. Defterlerim ve kitaplarım evdeydi. Bu yüzden sınıfa deftersiz ve kitapsız olarak gidiyordum. Amacım sadece yok yazılmamaktı. Sabahları okula gidiyor, öğleden sonraları da bilet satıyordum.

(Sahi, babamın beni neden dövdüğü şimdi aklıma geldi. Evden kaçtığım o gün, babamla annem tartışmıştı. Sonrasında da onu dövmeye hatta tekmeler savurmaya devam etmişti kadıncağız yere düştüğü hâlde. Âdeta çıldırmış gibiydi. Annem bayılmıştı ama o hâlâ dövüyordu. Dayanamadım, **"Yeter artık yeter, yeteeeer, yeteeeeeer!.."** diye bağırdım. **"Bırak artık, çek elini annemin üzerinden. 20 yıldır sabah akşam demeyip dövüyorsun, hâlâ yorulmadın mı? Utan**

biraz, utan! Bak biz çocukların bile senin boyun kadar olduk...” deyip yakasına yapıştım. Var gücümle onu yumruklamaya başladım. Ellerimi yakalayınca ben de onun elini öyle bir ısırmışım ki kan fışkırmaya başladı. Artık ölümü bile göze almıştım. Ablalarım baygın olan annemi bırakıp artık bizi ayırmaya çalışıyordu. Sonunda tüm enerjim tükendi ve takatsizce yere yığıldım, babam da beni bırakıp odadan çıktı. Kurtuldum diye sevinmiştim o anda ama elinde kocaman bir demirle yeniden içeri girdi. Üzerime saldırıp vurmaya başladı. Nereme geleceğini düşünmeden, rastgele vuruyordu, çıldırmıştı sanki. Ben hiçbir yerimin acıdığını hissetmiyordum; çünkü yüreğimdeki acı, kalın bir demirle dayak yemekten daha fazlaydı. Beni dövmekten usanınca bırakıp gitti. Ben de hemen giyinip evden kaçtım sabahın dördünde.)

Evet, nerede kalmıştık; sabahları okula gidiyor, öğleden sonraları da bilet satıyordum. Böylece on gün geçti. Ben bu sürede eve hiç uğramadım. Annem benim yokluğuma dayanamamış “Bu çocuk öldü mü, kaldı mı?” diye merak etmiş. Enişteme gidip “Git ne olur Cihanımı bul da getir, onun yokluğuna dayanamıyorum, yalvarırım...” diye ağlamış. Eniştem de okula gelip beni arkadaşlarıma sormuş. Sonra da derneğe gelerek bir saatlik nasihatten sonra beni alıp eve götürdü.

Bunları Anlatacağım Bir Dostum Olmadı

Biliyor musun, bunları ilk defa sana anlatıyorum! Çünkü böyle konuları konuşup duygularımı anlatacağım bir dostum olmadı bugüne dek. Bazen iyice bunaldığımda yaşadıklarımı kendime yakın bulduğum bir arkadaşa anlatıyorum. Sonra bir de bakıyorum ki anlattıklarım milletin dilinde dolaşıyor. Bazıları da anlattıklarımı sonradan başıma kakıp alay ediyorlar, çok üzülüyorum. Sen böyle yapmayacaksın, biliyorum. Çünkü birçok öğrenci seninle konuşuyor, mektup yazıyor, derdini anlatıyor. Kimseye başka birinin anlattığı şeylerden söz etmiyor, onları sır gibi saklıyorsun.. Öğrencilerin sana işte bu yüzden güveniyor. Benim bu upuzun mektubumu okuduğun için sana çok teşekkür ediyorum...

Pınar Yılmazer "Paylaşmak Ki O En Güzel" demekle meğer ne kadar haklıymış! Ben de seninle paylaştım, şimdi çok rahatım. Sen beni mutlu ettin, Allah da seni mutlu etsin, her daim korusun. (Âmin)

Ben seni önceden tanıyordum, şimdi sen de beni tanımış oldun. Okuduğum bir kitapta yazar diyor ki **"Bir dostlukta önemli olan yılların sayısı değil; neyin, ne kadar paylaşıldığıdır."**

Seninle tanıştığımız gün geldi aklıma: Sen nöbetçi olduğun bir sabah okula erken gelmiştin. Nöbetçi olmasan da okula erkenden gelir, bahçeyi dolaşır, öğrencilerle konuşur, şakalaşırdın. O gün de merdivenlerden indin, bahçeyi dolaşmaya başladın. Bizim bulunduğumuz tarafa doğru yöneldin. Yanımıza geldin, arkadaşlarımla tokalaşmaya başladın. Sıra bana geliyordu. Heyecanlanmış, ne yapacağımı şaşırmıştım. Her iki elimde de koltuk değnekleri vardı. Seninle tokalaşmak için elimi uzattığımda değneğim düştü. (Daha önceleri koltuk değneğim düştüğünde alamazdım. Eğilsem düşer, bir daha kalkmakta güçlük çekerdim.) Sen beni tanımıyordun, dersime de girmiyordun. Buna rağmen bana sarıldın, beni öptün. Hayatımda bana sarılıp beni öpen ilk ve son öğretmen sensin biliyor musun? Babam bile beni bir kerecik öpmemişken sen öptün. Sonra koltuk değneğimi alıp bana verdin. O gün sana karşı içimde bir sevgi oluştu.

Düştüğümde Beni Yerden Kaldırıp Üstümü Çırptın

Bir gün bana **"Mucize İçimizde Saklıdır"** kitabını okumamı önermiştin. Kitap bende yoktu, sen de "Bende var, yarın sana getireyim." demiştin. Bir gün sonra kitabı getirdin, kantinin önünde bana verdin. Bir elimde hem kitabı, hem de koltuk değneğimi tutmak zorundaydım. Yanından ayrılırken telaşlandım. Zaten ben senin yanına her gelişimde telaşlanır ve heyecanlanırdım. Bu yüzden söylemek istediklerimi de söyleyemezdim. Daha iki adım atmadan dengemi kaybedip yere düştüm. Hatırlıyor musun yere boylu boyunca uzandığım o günü? Hemen dönüp yanıma geldin. Ellerini uzattın, ayağa kaldırıp koltuk değneklerimi tekrardan verdin bana. Sonra da beni çok mutlu eden ve hayatım boyunca unutmayacağım bir şey yaptın; üstümü çırptın. O zaman üzerimde siyah takımım vardı. Yere düşünce çok berbat bir şekilde toz olmuştu. Sen ellerinle ceketimin arkasına, pantolonumun paçalarına, dizlerden yukarısına vurup temizledin. Ellerimle koltuk değneklerini tutmak zorunda olduğum için senin ellerini tutup "Durun Hocam, lütfen yapmayın, ben temizlerim." diyemedim sana. Bu davranışın beni hem çok sevindirmiş, hem de çok mahcup etmişti.

Ben o gün düştüm, ama sen elimden tutup kaldırdın. O gece yattığımda sana hep dua ettim. İnşallah sen hayatında düşmezsin. Eğer olur da düşersen Allah seni hemen kaldırsın. (Âmin)

Şimdi gelelim senden istediklerime: Bir abi gibi ağabeylik, bir baba gibi babalık yapman (Benim babam gibi değil), bir dost gibi dost olman, bir öğretmen gibi beni eğitmen, gerekirse yeri gelince bana ceza vermen. Bir de bana insanların içinde, bir topluluk karşısında konuşabilmeyi öğretmen.

Benim en büyük eksikliğim konuşamamak. Güzel konuşabilmek, insanlarla iyi ilişkiler kurup dost olabilmek için her şeyimi feda edebilirim. Dale Carnegie'nin **"Dost Kazanma ve İnsanlar** Üzerinde Etki Yapma Sanatı" ile **"Etkili Konuşmanın Çabuk ve Kolay Yolu"** adlı kitaplarını okudum. Ancak bu kitaplar düzgün konuşmayı değil, hangi konuları nasıl konuşacağımı anlatıyor. Oysa benim kelime hazinem sınırlı ve toplumsal ilişkilerim zayıf olduğu için konuşamıyorum. Bazen bir kelimeyi söylemek o kadar zor oluyor ki ancak tane tane konuşabiliyorum.

Bir keresinde İstanbul'da İnsan Kaynakları Müdürü olan bir hanımla görüşüyordum. Dilim bir kelimeye öyle takıldı ki o kelime adeta boğazımda düğümlendi, yüzüm kızardı, kan ter içinde kaldım. O kadın beni dinlemek için bir sürü işini bırakıp kabul etmişken ben konuşamadım. O kadar utandım ki utancımdan yerin dibine girdim âdeta.

Orada rahat konuşabilseydim o zamanın parasıyla iki bin beş yüz liralık bilet satışının organizasyonunu yapmış olacaktım. O anda orayı terk etmekten başka bir şey düşünemiyordum. Sonradan kadına zar zor anlatmaya çalıştım ancak etkili olmadı. Bana Eğitim Müdürlüğü ile görüşmem gerektiğini söyledi; ama ben etkili konuşabilseydim işimi o halledebilecekti. İşte böyle...

Bir kızla tanıştığım zaman ona nelerden bahsedeceğimi bilmiyorum, susup kalıyorum. O da içinden "Bu ne biçim bir çocuk, konuşmadan sap gibi oturup duruyor." diyordur herhâlde. Sonra da çekip gidiyor.

Sonsuz teşekkürlerimi sunarım...

Öğrencin Cihan

EVET CANIM; BABAN, ANNENDEN VE SİZLERDEN DEĞİL, KENDİNDEN NEFRET EDİYOR, KENDİNİ SEVMİYOR VE KENDİNİ SUÇLUYOR. SİZE YÖNELTTİĞİ ÖFKEYİ ASLINDA O KENDİNE DUYUYOR. BİLMİYORUM, SİZE GELİP DE AİLENLE TANIŞTIĞIMDA BAZI ŞEYLERİ DAHA DA DOĞRU ANLAYACAĞIMI ZANNEDİYORUM.

KALEMİNDEKİ MUCİZE DİLİNDE DE GERÇEKLEŞECEK

Cihan, Sevgili Arkadaşım,

İçimi saran sıcacık bir duygu var mektubuma başladığım şu anda. Sana bu sımsıcak duygularımı ve candan sevgilerimi sunuyorum her şeyden önce. Bu duygularımla seni masama çağırıyor ve sohbetimize başlıyorum. Sen de hazırsın değil mi?

Hayattaki en büyük ideallerimden biri öğretmen olmaktı ama öyle öğrencilerinin gördüğü yerde kendisinden korkup kaçtıkları, yanında "Hazır ol!"a geçtikleri, konuşurken çok resmi oldukları bir öğretmen değil; senin gibi "Sen" dedikleri bir öğretmen olmaktı. "Eğer böyle bir öğretmen olabilirsem öğrencilerimle her şeyi paylaşabilirim, baskı yapmadan ders veririm, onların doğum günlerini öğrenir, kendilerine hediyeler alır, sürpriz yaparım, evlerine gidip aileleriyle tanışırım…" diye düşünürdüm.

Amacıma ulaştım, üniversiteden mezun olup öğretmen olma hakkını elde ettim. 13 yıl önce öğretmenlik yapmaya başladım. Şimdi daha öğretmen olamadığımı, iyi bir öğretmen olabilmem için her şeyden önce ömür boyu devam edecek iyi bir öğrencilik yapmam gerektiğini anladım. Bir de öğrencilerimi öğretmenlerim yapmam gerektiğini!...

Ne kadar şanslı bir insanım ki senin gibi öğrencilerin bulunduğu bir okulda çalışmaktayım. Sizler öğrencilerim değil, öğretmenlerimsiniz. Sizlerle konuşmak, sizlerle eğitim yapmak, sizlerle sevgiyi, arkadaşlığı, duyguları, düşünceleri paylaşmak çok muhteşem Cihan. Aranıza girdiğim zaman kendimi rengârenk çiçeklerin açtığı bir bahçede, elinde su kovasıyla dolaşan bir bahçıvan gibi hissediyorum. Öğretmen olduğum için çok mutluyum çok!

"Bir insanı tanımak, kişiliğini az çok anlayabilmek için onun geçmişini ve yaşadığı ortamı bilmek gerekir." demişsin mektubunda. Sonra da kendini, geçmişini, hayatın boyunca yaşadığın olayları, karşılaştığın zorlukları, çekmek zorunda kaldığın işkenceleri yazmışsın. Ben bu mektuba kadar seni yakından tanımıyordum. Senin böylesine kendinle barışık, kendinle dost olabileceğini asla tahmin edemezdim. İçindeki o muhteşem yaşama sevincini birazcık sezebiliyorum davranışlarından, yüzünün güleç ve aydınlık oluşundan.

İyi ki kendini anlatmış, iç dünyanı yazmışsın Cihan. Sana olan sevgim daha da arttı. İçimdeki sevginin daha da ötesinde sana saygı duyuyorum.

Biliyor musun bana gelen mektupları çocuklarım uyuduktan sonra, onların yataklarının yanında okurum. "Mektup yazanlar da benim çocuklarım, arkadaşlarım." derim. Mektubunu gece yarısından sonra okudum. Çocuklarım uyumuştu. Mektubunu okurken dayanamadım, ağlamaya başladım. Bir yerde "Hayır, olamaz!" diye bağırarak fırladım. Kızım sesimden uyanmış, kalkıp "Ne oldu baba?" diye sordu.

Sabah kalktığımda hâlâ kendime gelememiştim. Yaşadıklarını ben okumaya dayanamadım, içim parçalandı, yüreğim yandı. Hâlbuki sen yazdıklarını yaşadın Cihan, bizzat kendin yaşadın. Bütün olumsuzluklara rağmen içindeki yaşama sevincinden ödün vermeyişini alkışlıyor ve seni kutluyorum.

Önce Babasını Kaybetti, Bugün de Annesini...

Doğrusunu istersen şu anda mektubu yazmaya başladığım andaki yoğunlaşmam yok. Sana yazarken telefon çaldı, açtım. Çok üzücü bir haber aldım.

Okulumuzda lise birden beri ilgilendiğim bir öğrenci vardı. Geçen yıl mezun oldu. Bu öğrencimiz küçükken babasını kaybetmiş. Annesi temizliğe giderek, çamaşır yıkayarak evini geçindirmeye, kızını okutmaya çalışmış. Sonra çok çaresiz kaldığı, bakacak kimseleri de olmadığı için kendinden oldukça yaşlı bir adamla evlenmiş. Adam eve bakacağı yerde karısının temizlik yaparak kazandığı paraları da elinden alıyormuş.

Bu arada öğrencimizin üvey babasından bir kardeşi daha olmuş. Annesi daha fazla dayanamamış adamın zulmüne., ayrılmışlar. Adam çocuğu da annesinin üzerine atıp gitmiş, bir daha da aramamış.

Öğrencimiz okula hep üzgün gelirdi, çok çaresizdi. Akşamları okuldan sonra bir işte çalışıyordu. Çok yorulduğu için kendini derslere de veremiyordu. Okuldan mezun oldu ama sınavı kazanamadı.

İşte az önce o öğrenci aradı. Annesiyle kardeşi iki gün önce trafik kazası geçirmiş, her ikisinin de bacakları kırılmış. Annesinde kalp yetmezliği de varmış. Dün akşam hastanede ölmüş, bugün toprağa vermişler. Öğrencimiz hastaneden arıyordu. Annesini toprağa verip kardeşinin yanına gitmiş.

Önceden annesi vardı kendisine arkadaş olan, şimdi hiç kimsesi yok. **"Ne olursunuz Hocam gelin, yarın erkenden gelin. Okulda hep yanımda olurdunuz, şimdi de gelin ne olur."** diye ağladı. Sabah onun yanına gideceğim.

Telefondan sonra kendimi bir süre toparlayamadım. Sonra yine yazmaya karar verdim. İşte yazıyorum.

Senin mektubunu okuduktan sonra çocukluğumu düşündüm. Benzer şeyleri yaşadığımız bazı durumlar var. Onların birkaçını yazmak istiyorum:

Ben ve kardeşlerim de çay, peynir ve zeytinle kahvaltı etmeyi çok severdik yatmadan önce. Ancak bizim babamız da aramızda olurdu. Biz "Hangimiz babamızın yanına oturup onun dizine yaslanacak?" diye kavga ederdik.

Bir de sofrada annemle babam olmadığı zamanlarda birbirimizin bardağına zeytin çekirdeği atma savaşı yapardık. Bardağımızı korumak için üzerine elimizi kapatırdık. Bir gün kardeşimin bardağına çekirdeği atmayı başardım, kendi bardağımı da koruma altına aldım. Çayım bittiğinde çaydanlığı alıp sofradan uzaklaştım. Köşeden kardeşime "İşte böyle! Hem çekirdek atarım hem de bardağıma attırmam." dedim. Çayımı doldururken bir de ne göreyim, bardağın içinde bir zeytin çekirdeği yüzmüyor mu? Şaşırmıştım. "Bu nereden çıktı ya?" diye sordum. "Çaydanlığın ucundan!" dedi kardeşim. Meğerse o, çekirdeği atmak için uğraşmak yerine çaydanlığın çay dökülen borusunun ucuna yerleştirmiş.

Ben bu çekirdek savaşını kazandığımı zannederken onlar bana gülüyordu.

Okula Odun Yerine Tezek Götürürdük...

Köyde ilkokula giderken sınıfta soba yakardık. Bizler de kendi yakacağımızı kendimiz götürürdük. Ancak yakacağımız odun değil tezekti. Sabahları bir elimde annemin bezden diktiği okul çantası, diğer elimde akşamdan hazırladığım tezekle okula giderdim.

İlkokulda sık sık okuldan kaçardım Cihan. Nedenini bilmiyorum ama okula gitmek istemezdim işte. Dedem okula gitmemi çok istediğinden beni her gün takip ederdi. Okula gitmediğimi fark ettiğinde beni köyün gençlerine yakalatır, sonra da elimden tutup okula götürürdü. Sınıfın kapısından içeriye girinceye kadar da beklerdi beni.

Annemle babam hiç kavga etmezlerdi. Ben onların kavgasını bir kere gördüm. Babam, avlumuzu süpürürken anneme kızdı, sonra da bir tokat attı. Annem de babasının evine küs gitti. Biz ikindiden sonra babamla küs giden annemi getirmeye gitmiştik. Babam o anda bile şakalar yapıp annemi güldürmek için uğraşıyordu.

Toplumumuzda erkekler kadınları kendilerine köle yapmışlar. Her şey erkeklerin isteklerine göre yapılanmış. Kadınlar akşama kadar evde, mutfakta çalışmışlar, maaşsız birer işçi gibi âdeta. Kocasının ve çocuklarının tüm ihtiyaçlarını gidermişler ama yine de beş kuruşluk haysiyetleri olmadığı gibi dayak yiyen, hakaret gören, onurları kırılan yine onlar olmuş. Buna rağmen hiç konuşturulmamış, hep susturulmuşlar. Bir şey istediklerinde, hak aramaya kalkıştıklarında "Dayanacaksın, sabredeceksin, kaderin böyleymiş." denilmiş kendilerine.

Bir de diyorlar ki; "Bizim toplumumuzda boşanma az, evlilikler çok mutlu bir şekilde yürüyor." Ben böyle olduğunu zannetmiyorum. Gördüğüm kadarıyla kadınlarımız, ekonomik bağımsızlıklarına sahip olmadıkları için evlerinden ayrılamıyorlar. Çaresizler, o evde kalmaya mecburlar. Eğer evden ayrılırlarsa yine erkekler tarafından kötü yollara düşürülüyorlar, güvenip sığınabilecekleri bir yer de yok. Bu yüzden esir gibi yaşamaya devam etmek zorunda kalıyorlar. Anneni bir düşün Cihan: Eğer annen kendi başına yaşayabilecek imkânlara sahip olsaydı babanın kahrını bir saniye bile çeker miydi?

Babanla ilgili ne diyeceğimi bilemiyorum. Yazdıklarını okurken bazen "yoksa o adam insan değil mi?" diye düşündüm. "İnsan olan, yüreğinde azıcık sevgi olan birinin böyle davranması mümkün değil." dedim. Sonra babanın hasta olabileceği geldi aklıma ama kesin olarak söyleyebileceğim bir şey varsa onun kendinden nefret ettiğidir.

Galiba Baban Kendinden Nefret Ediyor...

Evet canım; baban, annenden ve sizlerden değil, kendinden nefret ediyor, kendini sevmiyor ve kendini suçluyor. Size yönelttiği öfkeyi aslında o kendine duyuyor. Bilmiyorum, size gelip de ailenle tanıştığımda bazı şeyleri daha da doğru anlayacağımı zannediyorum.

Sahi bir de aklıma şu geliyor: Toplumumuzda zulüm nöbetleşerek bir sonraki kuşağa devrediliyor. Zulüm biraz ağır oldu galiba; yani yanlış gelenekler, davranışlar ve anlayışlar demek istiyorum. Kaynanasının baskısından şikâyetçi olan bir gelin, kaynana olduğunda daha baskıcı oluyor. Öğretmeninin bazı davranışlarını eleştiren bir öğrenci, öğretmen olduğunda eleştirdiği davranışın daha da ağırını yapabiliyor. Çocuklar da öyle değil mi? Baba olduklarında sanki **"zalim baba"** rolünü devralmış gibi davranıyorlar. Acaba senin baban, kendi babasından öyle gördüğü ve doğrusunun o olduğuna inandığı için mi öyle davranıyor? Anneni ve sizleri döverken iyilik yaptığına, sizi iyiliğiniz için dövdüğüne inanıyor olabilir. Neden? Çünkü büyüklerinden öyle görmüştür.

Dediğim gibi, babanla tanışıp konuştuktan sonra kendisini daha doğru anlayabileceğimi umuyorum.

"Ben evde her zaman susturulduğum için konuşma yeteneğim gelişmemiş." demişsin mektubunda. **"Mucize İçimizde Saklıdır"** kitabının arka kapağında ne yazdığını okumuş muydun canım? Biliyorum okumuşsundur. Aynen şöyle diyor orada:

"Her insan keşfe değer bir evrendir. İçimizde keyfedilmeyi bekleyen birçok yetenek ve büyük bir gizli güç vardır. Ama biz her nedense kendimizi küçümseme eğilimi içinde, 'Ben tek başıma ne yapabilirim? Benim gücüm neye yeter ki?' deriz. Ya da ön yargıların, ayıpların, yasakların baskısıyla 'Ya yanlış anlaşılırsam ya hakkımda kötü düşünülürse?' diye korkup duygu ve düşüncelerimizi ortaya koymaktan çekiniriz... Oysa her türlü zorluğun üstesinden gelmemizi sağlayacak, bizi özgürleştirecek olan o yüce güç, büyük potansiyel ya da diğer adıyla 'Mucize' içimizde saklıdır. 'Ne ararsan kendindedir' dememiş midir Mevlanamız?"

Cihan, az önce annesi ölen öğrencimiz yine aradı. **"Çok yalnızım hocam, ne yapacağımı bilmiyorum, ne olursunuz yarın gelin."** diye ağladı. Bu yüzden ben şimdi yazamayacağım. Mektubumu burada bırakıyorum. Yarın hastaneden döndükten sonra yazmaya devam edeceğim...

"BÜYÜK ADAMLARIN ÇOĞU ÇALIŞMALARINI ACI, DERT VE GÜÇLÜK İÇERİSİNDE GERÇEKLEŞTİRMİŞLERDİR. SULARIN ALÇALMASI VE KABARMASINA KARŞI MÜCADELE VERMİŞLER, BİTKİN BİR ŞEKİLDE KIYIYA VURMUŞLARDIR."

Bir Gün Sonra...

ANNEMİ NEDEN GETİRMEDİNİZ HOCAM?

Yeniden Merhaba Cihan,

Bugün hastaneye gittik. Öğrencim ortopedi servisinin kapısında bizi bekliyordu. Beni görünce koşup geldi ve sarılıp hıçkıra hıçkıra ağlamaya başladı. Bir ara başını kaldırıp "Neden annemi de getirmediniz Hocam, neden?" diye sordu bana. Belki annesinin, babasının yerini tutamazdım ama yüreğimdeki sevgiyle sarıldım kendisine. Sonra mendilimi çıkarıp gözyaşlarını sildim. Elini avucumun içine aldım. Titriyordu.

Sonra beni kardeşinin yattığı odaya götürdü. Kardeşi altı yaşında, henüz okula gitmiyor. Annesinin öldüğünden habersiz, her iki bacağı da kırık, kafası yaralı ve şiş bir vaziyette yatıyordu. Durmadan "Abla, annem neden gelmiyor, çağır da yanıma gelsin." diyordu.

Kazanın olduğu gün ev sahibine kirayı ödemeleri gerekiyormuş. Ben bir bayramda ziyaretlerine gitmiştim. Oturulmaya uygun olmayan harabe gibi bir evdi. Kirası ise üç yüz lira. Tabii bunlarda da para yok. Ev sahibi "Neden gününde vermiyorsunuz?" diye söylenince kadının zoruna gitmiş. Öğrencim o gün dershanedeymiş. Annesi küçük çocuğunu da yanına alıp borç aramaya çıkmış. Dolmuşların son durağında inmişler. Dolmuş nasıl olsa duruyor, diye arkasından geçmek istemişler. Şoför de bunları fark etmemiş, geri geri giderken hem kadına hem de çocuğa çarpmış. Kadın epeyce kiloluydu. Çocuğuna bir şey olmasın diye çocuğun üzerine kapanmış. Kadın yavrusunu kurtarmak için kendi canını feda etmiş. Kadın ölmüş, çocuğu da bacağındaki kırıklarla kurtulmuş. Yarın ameliyat olacakmış.

Öğrencimizin annesi 40, evlendiği adam 70 yaşındaymış. "Hocam ben dokuz yaşındayken babamı kaybettim. Annem hep benim için yaşadı. Okuyayım, ele güne muhtaç olmayayım diye el kapılarında süründü. Dayanamayacak hâle gelince bu adamla evlendi. (Adam orada oturuyordu.) Annem hiç güzel gün görmedi. Hep yoksulluk çekti, sefalet içinde yaşadı. Tüm umudu bendim. Okuyup hem kendimi, hem de annemi kurtaracaktım ama olmadı. Üç yüz lira yüzünden öldü annem!" diye sürekli olarak ağladı öğrencimiz.

Dayıları ve amcaları da oradaymış. Öğrencimizle kardeşinin kalacağı yerin kavgasını yapıyorlarmış hastanede. Diyorlarmış ki "Sen bizde kal ama kardeşini kabul etmeyiz.

Onu babası alsın." Bazıları da "Evimiz müsait olsaydı bizde kalırdın, şu amcalarının evi müsait, onlarda kalabilirsin." diye akıl veriyorlarmış.

"Ben kendi ayaklarımın üzerinde duracağım hocam. Bana annemin yasını bile tutturmadan, kalacağım yerin kavgasını yapıyorlar. Annem ölürken kardeşimi kimseye vermememi söyledi bana." diyordu öğrencim kararlı sözlerle.

Kalemindeki Mucize Dilinde de Gerçekleşecek…

Dün senin konuşma yeteneğinle ilgili düşüncelerinde kalmıştık. Susturulduğun için konuşma yeteneğinin gelişmediğini yazmıştın. Pınar Yılmazer de **"İçimizde keşfedilmeyi bekleyen büyük bir gizli güç ve birçok yetenek vardır."** diyordu.

İnsan neye inanıyorsa öyle oluyor, neyi istiyorsa onu elde ediyor. Şimdi canım, sen konuşma yeteneğinin gelişmediğini neden düşünüyorsun ki? Konuşmayı denedin de başaramadın mı? Sanmıyorum. Bence sen konuşma yeteneğinin olmadığına inandığın için konuşamıyorsun. Konuşmak istediğinde kelime hazinenin yetersiz olduğunu fark ettiğini söylüyorsun. Doğrusu ben şunu anlayamadım: Eğer kelime hazinen yetersizse yazarken kullandığın kelimeleri nereden buluyorsun? Komşularından mı ödünç alıyorsun?

Zaten sen de itiraf etmişsin. Diyorsun ki **"Bu mektubu yazmaya başlamadan önce yazma yeteneğimin de**

olmadığını zannediyordum. Ancak sana yazmaya başlayınca anlatmak istediklerimi kolayca yazabildiğimi fark ettim, mutlu oldum, kendime güvenim geldi." Ben de diyorum ki Cihan, sen konuşmaya başladığında da anlatmak istediklerini çok rahat ifade edebilecek, düşüncelerini zorlanmadan söyleyebileceksin.

Sen bana yazdığın bu mektubu bir dergi, gazete ya da kitapta yayınlasan eminim ki çok beğenilir. Hem yaşadıkların çok ilginç, hem başına gelenlere karşı yaşama sevincini yitirmemen çok harika, hem de bunları ifade ediş biçimin çok doğal. Pınar'ın **"mucize"** dediği de bu olsa gerek.

Şimdi sıra geldi kaleminde yarattığın mucizeyi, dilinde de gerçekleştirmeye. Hadi Cihan'ım göreyim seni.

"Son zamanlarda bize verdiğin kitapları okudukça kendimi daha iyi anlıyorum." demişsin mektubunda.

Kitaplar bizim en iyi dostlarımızdır. Her kitap bize, duygularımıza, düşüncelerimize, kısaca kişiliğimize bir başka yönden ayna tutar. Biz sadece karşımızda duran aynaya baksak ancak yüzümüzü ve vücudumuzun ön tarafını görebiliriz. Dört yanımıza ayna koysak o zaman vücudumuzun tamamını görebiliriz.

Kitaplar da böyledir Cihan. Farklı alanlarla ilgili okuduğumuz her kitap, bize kişiliğimizin bir yönünü gösterir. Güzel kitaplar bize bizi anlatır.

Pınar Kişilik Evlerinden Söz Etmiş Kitabında...

Sahi sen Pınar Yılmazer'le tanışmadın değil mi? Ben askerdeyken onun **"Paylaşmak ki O En Güzel"** kitabını okumuş ve çok beğenmiştim. Hemen kendisine bir mektup yazdım. Birbirimizi hiç görmeden mektupla tanıştık. Sonra telefonla görüştük. Benim yazdığım mektubu **"Mucize İçimizde Saklıdır"** kitabında yayımladı. Sen o mektubu okudun.

Ben bizim okulumuzdan hep **"Özel Gecekondu Lisesi"** diye söz ederim. Pınar da taa İstanbul'dan kalkıp Özel Gecekondu Lisemize geldi. Öğrencilerimizle tanışıp sohbet etti, kitaplarını imzaladı. Bir görsen sevgi çeşmesi gibi bir insan. Çok kibar konuşuyor. Öğrencilerimiz o gittikten sonra dediler ki "Hocam ne kadar sıcak bir insandı. Yürekten konuşuyor ve de çok alçak gönüllü. Koskoca yazar bizimle bir arkadaş gibiydi."

Kendisiyle tanışmayanlar sonradan gelip Pınar'ın bir daha gelip gelmeyeceğini sordular. Arkadaşlarının anlattıklarından çok etkilenmişler.

Sana söz veriyorum Cihan: Seni İstanbul'a götüreceğim ya da Pınar'dan bizim okula tekrar gelmesini rica edeceğim. Kendisine diyeceğim ki "Cihan senin anlattığın kişilik evlerinden birisiyle yetinmiyor, birkaç tane birden istiyor. Gel de ne yapacaksan yap, yoksa Cihan evsiz kalacak."

"Hey Arkadaş Sen Kimsin" kitabını okurken insan kendine şöyle soruyor: "Hey arkadaş ben kimim?" Kitap bitince de şöyle diyor: "Allah Allah, demek ben buymuşum da haberim yokmuş!"

Yaşama Sevinci Olanın Her Şeyi Vardır...

"Özürlü olduğum için asla ağlamadım, kendimi eksik hissetmedim. Sağlam insanların bile cesaret edemeyecekleri şeyleri yaptım ve mutlu oldum. Evet, Allah benden ayaklarımı almış ama ondan bin kat daha değerli bir şey vermiş bana: 'YAŞAMA SEVİNCİ' " diye yazmışsın.

Geçenlerde bir söz okumuştum: **"Mutluluğun elimizde olmayan bir şeyi elde etmekten değil de, elimizde olanı anlayıp takdir etmenin sonucunda geldiğini hep unuturuz."** diyordu. Sen unutmamışsın Cihan. Mutluluğu kendi dışında, sahip olmadıklarında aramayıp sahip olduklarında, kendi içinde bulmuşsun. Yaşama sevinci olanın zaten her şeyi var demektir.

Ağlasaydın özürlü oluşuna, ne elde edecektin ki? Hiçbir şey. Sahip olduğun güzel vakitlerini, bir daha geri gelmeyecek saniyelerini, ahla vahla, isyanla, gözyaşlarıyla geçirmen sana sağlam bacaklar vermeyecekti.

Özürleri görünmeyenleri tanıyorsun değil mi Cihan? Kimi insan duygusal özürlüdür; sevmez, hissetmez, kin ve nefret doludur, merhamet nedir bilmez. Kimi beyin özürlüdür; düşünmez, okumaz, öğrenmez, araştırmaz, anlamaya çalışmaz. Ancak şeytanlığa gelince ondan üstünü yoktur. Kişilik özürlüler, ruh özürlüler de vardır. Hoşgörüsüzdürler, anlayıştan eser yoktur, robottan farksızdırlar. Bunların sadece bedenleri sağlamdır. Onu da beğenmeyip çeşitli maskelerle olduğundan daha sağlam, daha güzel gösterme çabasına girerler. **"Dışım cici olsun da içim ne olursa olsun, nasıl olsa kimsenin ondan haberi yok."** diye düşünürler. Seni bir kere daha kutluyor, sevgiyle kucaklıyor ve alkışlıyorum.

Gelelim Üniversite Konusuna...

Biliyorsun ortaokuldan mezun olan bir öğrencinin önünde farklı seçenekler vardır. O öğrenci eğer sınavlarını kazanmışsa Anadolu Lisesi ve Fen Lisesi gibi bazı okullara gidebilir, Meslek Lisesine gidip bir meslek öğrenebilir ya da düz liseye gidebilir.

Liselerimiz maalesef öğrencileri hayata hazırlamada yetersiz kalıyorlar. Anadolu ve Fen Liselerine giden öğrencilerin üniversiteyi kazanma şansları çok yüksek. Meslek Liselerinde herhangi bir alanla ilgili bir meslek öğretiliyor. Buraya gidenlerin üniversite kazanma şansları oldukça az ama mezun olduklarında iş bulma imkânları çok fazla.

Düz lisede herhangi bir beceri kazandırılmıyor, bir meslek edindirilmiyor. Ağırlıklı olarak kültür dersleri veriliyor. Ben liseye gelmiş öğrencilere diyorum ki; "Her şeyden önce buraya neden geldiğinize bir karar verin. Burada edinebileceğiniz bir meslek yok. Üniversite sınavlarını kazanmak gibi bir amacınız varsa düz lise sizi bu amacınıza götürebilir. Gelecekte kendinizi hangi alanda yetiştirmek istiyorsanız o alanla ilgili bir bölüm seçmeniz gerekir."

Birçok öğrencimiz, hangi bölümlerde hangi derslerin olduğunu, hangi fakülteyi kazanmak için hangi bölümü seçmek gerektiğini bilmiyor. Söylemek acı ama bilmiyor Cihan. İşte ben de derslerimde kitaptaki konuları işlemeden önce bu bilgileri veriyorum. Üniversiteyi kazanmış öğrencilerimizi de size rehberlik amacıyla sınıflara getiriyorum. Söylediğin gibi onların bir hayli olumlu etkisi oluyor lisedeki öğrencilerin üzerinde.

Sende üniversite konusunda ilk kıvılcımın oluştuğunu yazmışsın. O zaman sana müjdeyi vereyim: En büyük yangınlar bir kıvılcımla, birkaç saman çöpünün tutuşturulmasıyla başlar. Sen tutuşmuşsun Cihan. Artık o kıvılcımı üflemenin zamanı geldi.

"En uzun yolculuklar, atılacak ilk adımla başlar" diye bir söz okumuştum. Sen ilk adımı attın. Unutma canım, bundan sonra seninle upuzun bir üniversite yokuşuna çıkacağız.

Bunun nasıl olacağı mektubun hacmini aşıyor **"....-melisin, ...-malısın"** gibi bir takım kurallara ve hayali çözümlerden öte eyleme başlayacağız. Laf üretme yerine iş üreteceğiz.

Dostluk Köprüsü Kuruldu...

Cihan bu mektuplarla birbirimize yüreklerimizin kapısını açmış olduk. Birbirimize birer dostluk köprüsü kurduk. Bu dostluk köprülerini geçip sevgi kapısından güvenle girmek ne güzel değil mi? Çok mutluyum şu anda. Paylaşmak, güvenmek, güvenilmek çok güzel şeyler.

Evet, öğrencilerim bana mektup yazıyorlar, dertlerini anlatıyorlar. Benim onlardan izin almadan bunlardan söz etmem doğru olmaz ki. Bana güvenip bir sorununu anlatan bir öğrencinin söylediklerini bir başkasına nasıl anlatırım? Bu çok çirkin ve affedilmez bir davranış olur.

"Şimdi gelelim senden istediklerime." demişsin mektubunda ve istediklerini sıralamışsın:

"Bana bir abi gibi ağabeylik yapman, bana bir baba gibi babalık yapman, bir dost gibi samimi olman, bir öğretmen gibi eğitmen beni, yeri gelince de bana ceza vermen. Bir de bana insanların içinde, bir topluluğun karşısında konuşmayı öğretmen."

Biz dost olduktan sonra bunların hepsi kendiliğinden gerçekleşecek zaten. Ben sana ağabeylik yapacağım, seninle dost olacağım, eğitimine katkıda bulunmaya çalışacağım. Bunu unutma ki Cihan benden önce senin kendinle dost olman önemli. Her şeyi sen kendin gerçekleştireceksin. Ben sana bir şey öğretmem, böyle bir çabam da olmayacak. Sana rehberlik yapacağım, yol göstereceğim. Sende zaten var olan kapasiteyi harekete geçirmene, içindeki mucizeyi gerçekleştirmene, içindeki güzeli uyandırmana yardımcı olacağım. Hepsi bu kadar.

Aaa o da ne Cihan? Heey beni duyuyor musun? Demek mektubum biraz uzun oldu diye uyudun ha? Ben de bu sesler nereden geliyor diye merak ediyordum. Demek horlayarak uyuyorsun.

Şimdilik bu kadar! Değinmeyi unuttuğum konuları bir dahaki mektupta yazacağım.

Benim için ettiğin dualar beni çok duygulandırdı. Cihan gözyaşlarım sevgiyle ve teşekkür hisleriyle aktı. Bundan sonra da dualarını eksik etme. Ben de senin için dua etmeye devam edeceğim.

Mektubumu, kime ait olduğunu bilmediğim şu sözlerle bitiriyorum.

"Büyük adamların çoğu çalışmalarını acı, dert ve güçlük içerisinde gerçekleştirmişlerdir. Suların alçalması ve kabarmasına karşı mücadele vermişler, bitkin bir şekilde kıyıya vurmuşlardır."

Sen kocaman fırtınalarla boğuşuyorsun, bu yüzden de büyük, çok büyük bir insansın.

Sevgilerimi sunuyorum Cihan...

Abin Alişan

KARDEŞLERİM BÜYÜK BİR HEYECANLA VE SEVİNÇLE BABALARININ ELLERİNİ ÖPÜYORLAR AMA BABALARI BİR KERECİK OLSUN ONLARA SARILMIYOR, ONLARI KUCAKLAYIP ÖPMÜYOR, SAÇLARINI OKŞAMIYOR, KENDİLERİNE SEVGİ DOLU GÖZLERLE BAKMIYOR. (HİÇ Mİ ÖZLEMEZ BU ADAM, HİÇ Mİ SEVMEZ?)

CİHAN'IN İKİNCİ MEKTUBU

Ben Sevgiye Susadım

Merhaba,

Seni çok seviyorum çünkü beni sadece sen dinliyor ve sadece sen anlıyorsun. Beni önemsiyor, değer veriyorsun. Sorduğum en garip bir soruyu bile dikkate alarak cevaplandırıyorsun. Benimle alay etmiyor, azarlamıyorsun hatta ters baktığın bile olmuyor bana. Hepsinden önemlisi beni geliştiriyorsun, kendimi keşfetmeme yardımcı oluyorsun.

Bunun için içimden sürekli olarak sana yazmak geliyor. Bazen keşke hep benimle mektuplaşsaydın sadece bana yazsaydın, diye geçiriyorum içimden. Sonra bunun bencillik olduğunu anlayıp vazgeçiyorum böyle düşünmekten. Biliyorum; yardıma, ilgiye ve sevgiye benden daha çok ihtiyacı olan arkadaşlarım var. Sen, kendi deyiminle bir bahçıvanın çiçeklerine koşması gibi ondan ona koşup yardım ediyorsun.

Şu an gecenin yarısı... Herkes uyumuş ve evde hiç ses yok. Ders çalışmak gelmiyor içimden. Müzik dinliyorum, o da yetmiyor. İçimde bir özlem var, anlatamıyorum. Sanki 18 yıldır görmediğim bir şey. Okula gidiyorum aynı özlem, eve geliyorum aynı özlem, çarşıya gidiyorum yine aynı özlem... Mesela bir insanın susadığını düşün: Bu insan nereye gitse, ne yapsa susuzluğunu aklından çıkaramaz ve hep onu düşünür ya... İşte bendeki de öyle bir şey.

Sanırım anlamaya başlıyorum. Evet... evet... ben "sevgi"ye susadım. Sevgi olmayınca bendeki her şey eksik sanki...

İnsanları çok seviyorum. Yeni tanıştığım insana hemen ısınır ve güvenirim. (Bu yüzden de birçok insan beni kandırdı.) Hele de ailemi; annemi, babamı, kardeşlerimi koşulsuz seviyorum. Beni dövseler de, aç bıraksalar da seviyorum onları. Ben onları annem babam oldukları için seviyorum. Biliyorsun, babam bana babalık yapmadı, bundan sonra yapar mı bilemem. Beni çok dövdü, bana işkence çektirdi. Beni hiçbir zaman da anlamadı. Sen her zaman bize dersin ya **"Arkadaşlar! Eğer anne-babanız sizi anlamıyorsa lütfen siz onları anlamaya çalışın; çünkü onlar size kendi anne ve babalarından gördükleri gibi davranırlar, bunu da doğru bir davranış zannederler. Unutmayın; hiçbir anne ya da baba çocuğuna kasıtlı olarak kötülük etmek istemez. İyi niyetle hareket edip kötülüğe neden**

olabilirler. Kötülük yaptıklarının, zarar verdiklerinin farkında bile olmazlar. Belki de onların sizi anlamayacaklarını anladığınızda, onların davranışlarını problem etmekten vazgeçersiniz."

Seni şimdi çok iyi anlıyorum. Babamın eğitilmeye ihtiyacı var ama bunun nasıl olacağını bilmiyorum. Hani sen bize gelecektin? Daha çok bekleyecek miyim?

Bazen rüyamda babamı görürüm. Rüyamda ona bir şey olduğunu görsem ağlayarak uyanırım. Bazen de yüreğimde babama karşı hissettiğim sevgi öyle taşıyor ki boynuna sarılmak, "Canım Babacığım!" deyip öpmek istiyorum. O, bugüne kadar bana hiç sarılıp öpmediği için bunu yapamıyorum, yapmaya cesaret edemiyorum. Bayramlarda elini öptüğümüz zaman sanki iş olsun diye bizi öpüyor babam. Öperken yüzümüze bile bakmıyor. Hâlbuki ben onun gözlerine bakmak, bana olan sevgisini gözlerinde görmek istiyorum. Ama o öyle soğuk ki...

Babamın odası ayrı. O hep kendi odasında durur. Sofraya oturduğumuzda bazen sevgi dolu kalbimle bakarım babama. Ama o bizim gözlerimize hiç bakmaz. Hiç konuşmadan yemeğini yer ve kalkar. Biz kendisini böyle severken o, hiç olmadık yere, hiç olmadık şeylere kızar ve bizi azarlar. Bazen de çok feci bir şekilde döver birimizi. İşte o zaman bir tuhaf oluruz, sevgi dolu kalplerimiz kırılır ama sevgi yine üstün gelir ve biz onu içimizde hemencecik affederiz.

Sabah Namazına Kalkamadığımda Üzerime Soğuk Su Dökerdi...

Namaz kılmıyorum diye babam beni hortumla döver ve banyoya hapsederdi. Buna rağmen kılmazdım. Beni zorla sabah namazına kaldırırdı. Kalkamadığımda üzerime soğuk su dökerdi. Ben de kalkar, abdest alıyormuşum gibi musluğun suyunu biraz boşa akıtırdım. Ondan sonra seccadenin üzerinde biraz otururdum. Arada bir de secde eder gibi yatardım. O zaman 10–11 yaşlarındaydım. Şimdi 18 yaşındayım ve hâlâ namaz kılmıyorum. Bunun için beni çok dövdü, bana çok laf söyledi, ağır hakaretler etti. Bunun yerine bana sarılıp beni bir kerecik öpseydi namaz kılmam için benimle konuşsaydı beni namaza teşvik etseydi kılardım. Vallahi billahi kılardım!..

Senin de mektubunda dediğin gibi babam bizi seviyor (!) belki, ama kendisine bir yasa oluşturmuş: "Çocukları seversem, onların yüzüne gülersem şımarırlar." diye düşünüyor. İki tane kız kardeşim var. İstanbul'da okuyorlar. Orada pansiyonda kalıyorlar. Yaz-kış okur, sadece bayram tatillerinde on günlüğüne izne gelirler. Babam onları geldiklerine pişman eder, "Evi sevmesinler, burayı, ailelerini sevmesinler ki orada isteyerek okusunlar, burada yüz bulup gelmek istemesinler!" düşüncesiyle onlara etmediğini bırakmazdı.

Kardeşlerim 15–17 yaşlarındalar. Anne-baba sevgisine uzaklar, (Biz yanlarındayız da sanki sevgilerini çok görüyoruz!) sıcak bir aile ortamına hasretler, kardeşlerine hasretler.

Tatilleri iple çekiyorlar. Tatillerde büyük bir heyecanla tek başlarına otobüse binip geliyorlar. Onları İstanbul'da otobüse bindiren, burada karşılayan, tatilden sonra da yine garaja götürüp yolcu eden yok biliyor musun? Babam daha bir kerecik bile onlarla garaja gitmedi.

Kardeşlerim büyük bir heyecanla ve sevinçle babalarının ellerini öpüyorlar ama babaları bir kerecik olsun onlara sarılmıyor, onları kucaklayıp öpmüyor, saçlarını okşamıyor, kendilerine sevgi dolu gözlerle bakmıyor. (Hiç mi özlemez bu adam, hiç mi sevmez?)

Yine duygulandım şimdi... Orhan Veli'nin dediği gibi,

"Ağlasam sesimi duyar mısınız mısralarımda?

Dokunabilir misiniz gözyaşlarıma ellerinizle?"

İşte böyle...

Evdekiler Beni Hiç Umursamaz...

Babam beni sevmez ama annem çok sever biliyor musun? En çok benim için ağlamış annem. **"Sekiz çocuğum bir yana, Cihan bir yana..."** dermiş her zaman. Hâlâ da sever. Annemi anlatacak cümle, onu tanımlayacak kelime bulamıyorum.

Bu evde başarılarım hiç övülmez. Bu yaz değil de önceki yaz kendi isteğimle bilgisayar kursuna gittim. Dört ay çalıştıktan sonra yüksek bir dereceyle operatörlük sertifikası aldım, evdekiler hiçbir şey demedi. Yazılılardan 90–100 alırım, eve gelip sevinçle söylerim ama evdekiler hiç oralı bile olmaz hatta başarımla dalga geçerler.

Geçenlerde annemle babam konuşurlarken duydum. Babam anneme benim için "Ara sıra kitaplarını kontrol ediyorum çok güzel kitaplar okuyor, kaliteli kitaplar." dedi. Bunu bana söylemiyor. (Yine de çok hoşuma gitti, biliyor musun?)

Hani sen bana Pınar'ın kitabını hediye etmiştin ya işte babam onu görmüş. Senin verdiğin kitapları babam da okusaydı ne kadar güzel olurdu değil mi?

Bak sana bir şey daha söyleyeceğim: Ben çok hırslı biriyim. Bir şeyi kafama taktım mı onu mutlaka ama mutlaka yaparım. Biz tiyatro bileti satarken Ankara Bakanlıklarda Personel ve İdari İşler Amirliğinden izin alır, ondan sonra satış yaparız. İzin almak için gittiğimizde bazen kapıdaki güvenlik görevlileri bizi müdürle görüştürmek istemezler. Ben de ısrar ederim. Adamları eninde sonunda ikna ederim. Hangi bakanlığa gittiysem "Orada bir tanıdık var mı, acaba bana yardımcı olacak birini bulabilir miyim?" diye sorarım. Kimseyi bulamazsam akşam saat 17.30'da çıkış saatini beklerim. Personel çıkarken birinden müdürün adını ve telefon numarasını alırım. (Biri vermezse diğeri mutlaka verir.) Ertesi gün randevu alır, gider görüşürüm. Benim böyle suskun, sakin durduğuma bakma. Aslında ben gözü açık biriyim. Kimseye hakkımı yedirmem, kimsenin de hakkını yemem.

Şimdi Kendimle Tanıştım, İçimdeki Cihan'ı Keşfettim...

"Başkalarını öven, kendini över." diye bir söz okumuştum. Şimdi ben öyle yapmayacağım. Yani başkalarını değil, kendimi öveceğim:

Kendimi seviyor ve kendimle gurur duyuyorum. Bir gün İstanbul'da Sultanahmet Camii'ne gitmiştim. Orada bulunan üç kişi dikkatimi çekti. Namaz kıldılar, sonra kalkıp camiyi incelemeye başladılar. Ben de yanlarına gidip konuştum. "Adanalı'yım, İstanbul'da kimsem yok, buralarda tek başıma geziyorum." deyince hayret ettiler. "Annen, baban seni bu hâlinle tek başına İstanbul'a nasıl gönderdiler?" Buralarda biz bile zor dolaşıyoruz." dediler. Oysa ben her gün Aksaray'dan kalkıp Beyoğlu, Mecidiyeköy, Levent ve Boğaziçi Köprüsü üzerinden Anadolu yakasında bulunan Altunizade'ye gidip geliyordum. Akşamları otelin lobisinde televizyon seyrederken tanıştığım insanlar beni sever ve takdir ederlerdi.

Yine bir gün Ankara'ya gitmiştim. Orada siyasi partileri gezmeye başladım. Bir partinin merkezine gittiğimde beni partinin arabasıyla parti başkanının evine götürdüler. Başkan evde olmadığı için eşiyle görüştüm. Tam 100 tane tiyatro bileti satın aldı.

Birkaç tane de milletvekiliyle tanıştım. Bir tanesi bana cep telefonunun numarasını verdi. O kadar iyiydi ki bence tam bir milletvekiliydi. Kapısını çalan herkesin sorununu çözmeye çalışıyordu. Orada bulunduğum süre içerisinde hiç kimseyi başından savmadı. Benim için bir şirket sahibine telefon açtı, bilet satın almasını istedi. Adam da ona "Eğer sen gelirsen istediğin kadar bilet alırım." dedi. O da kalkıp benimle geldi. Cinnah Caddesi'ndeki o şirkete çok fazla bilet sattı.

Hani sen bizi üniversite konusunda cesaretlendiriyorsun, kazanmamız için elinden geleni yapıyorsun ya, işte ben çalışıp da üniversiteyi kazandığımda beni okutacak çok insan var.

Hayatımda ilk defa bir öğretmenimden mektup aldım: Senden. Mektubu kaç defa okuduğumu bilmiyorum ama herhâlde on defa okumuşumdur. Sen ne iyi bir dostsun bana. Önceleri derslerimizde,kitaptaki bilgileri anlatmıyorsun diye sana kızıyordum. Şimdi anlıyorum ki sen bizi bizimle, kendimizle tanıştırıyorsun, kendimizi keşfetmemizi, içimizdeki mucizeyi görmemizi sağlıyorsun. Bize kılavuzluk ediyorsun, rehberlik yapıyorsun.

Pınar Yılmazer, **"Bana sorarsan eğer, en heyecan verici serüven insanın 'kendi kendini keşfidir'** derim." demekte haklıymış. Kişilik evlerini okudukça kitaptaki testleri yapıp kendimi daha yakından tanıdıkça gerçekten de çok büyük bir heyecan duydum.

Şimdi kendimle tanıştım, içimdeki Cihan'ı keşfettim.

Sayın Alişan hocam, seni o kadar çok seviyorum ki her gördüğümde boynuna sarılıp öpmek istiyorum. Sen her sabah bir kere sarılıyorsun ama yetmiyor. Ben her an, her gördüğümde sarılıp öpmek istiyorum seni. Hoşça kal.

Saygılarımla...

Cihan

BUNU YAPTIKTAN SONRA SEVİNÇ GÖZYAŞLARI İÇİNDE SENİ ARAYACAK VE YAPTIKLARIMI HEMEN O ANDA (CANLI YAYINDA) SANA DUYURACAKTIM. PROBLEMLERİMİ OLDUĞU GİBİ O ANKİ SEVİNCİMİ, MUTLULUĞUMU SENİNLE PAYLAŞACAKTIM. ANNEMİN, BABAMIN VE KARDEŞLERİMİN YANINDA SANA SEVİNÇLE ŞÖYLE BAĞIRACAKTIM:

CİHAN'IN ÜÇÜNCÜ MEKTUBU

Sevgim Gönlüme Sığmıyor Kalbimden Dışarı Taşıyor

Öğretmenim Alişan, şu anda saat 02.35. Bu akşam bir süre yarınki yazılılara çalıştım. Sonra da senin geçen Perşembe günü verdiğin Leo Buscaglia'nın **"Yaşamak, Sevmek ve Öğrenmek"** adlı kitabını okudum biraz. Saat 01.20'de senin yazdığın mektubu bir daha okudum ve yattım.

İçimde yaşadığım günün mutluluğu vardı, çok güzel bir gün geçirmiştim. En büyük sevincim ise sana yazdığım mektubun cevabını almış olmamdı. Sonra arkadaşlarımı çok seviyordum. O gün birine sevgimi anlatabilmek için güzel bir söz söylemiştim. O da bana sarılıp "Ne kadar iyisin Cihan, çok kibar ve sempatik birisin. Sevgi dolusun, yüzün hep gülüyor, ne kadar mutlusun. Bu sevginle bizi de mutlu ediyorsun." demişti.

Şimdi sen aklıma geldin. Gözlerimi kapadım. Seni yine **"Gönül Bahçem"** dediğin okulumuzda hayal ettim. Gülerek öğrencilerin arasında dolaşıyorsun. Bana da sevgiyi sen öğrettin. Daha doğrusu içimde zaten var olan sevgiyi açığa çıkarttın. Seni çok seviyorum Alişan hocam.

Arkadaşlarımın sevgime karşılık vermesi beni çok mutlu ediyor. Özellikle de kız arkadaşların bana güzel şeyler söylemesi o kadar çok hoşuma gidiyor ki anlatamam. Mesela; 10-Sos-B sınıfına bir arkadaştan kitap almak için gidiyordum. Bahçede ve koridorlarda rastladığım arkadaşlarıma bir gülümseyişim yetiyordu, onlarla aramda hemen bir sevgi köprüsü kuruluyordu. Okulu, arkadaşlarımı, öğretmenlerimi çok seviyordum. Onlara sarılmak, dokunmak ve onları öpmek istiyordum. Öperken de sevinçten ağlamak istiyordum.

Sınıfımızdaki tahtaya sizin her zaman yaptığınız gibi sevgi cümleleri yazmak istiyordum. İnsanlara onların hoşuna gidecek, gönüllerini okşayacak bir biçimde davranmak istiyordum. Artık sevgim gönlüme sığmadığı, kalbimden dışarı taştığı için insanlarla konuşacak çok kelime buluyordum. Bana yazdığın ilk mektubunda "Şimdi sıra geldi, kaleminde gerçekleştirdiğin mucizeyi dilinde de gerçekleştirmeye." demiştin. Evet bunu başardım. Ve bu beni çok mutlu etti.

Kalemimdeki mucizeyi dilimde de gerçekleştiriyorum...

Yine o gün yatsı namazından sonra halamı aramış ve onun samimi olmadığım, yılda sadece bir-iki kez görüşebildiğim kızıyla hemen hemen yarım saatlik bir telefon konuşması yapmıştım. Bu kadar uzun konuşmama ben de çok şaşırmıştım. Sen bana bunu başarabileceğimi söylediğinde çok sevinmiş ama başarabileceğime pek de inanamamıştım. O gün okuldan eve geldiğimde mutluluğum yüzümden okunuyordu. Annem:

— Hayrola Cihan, yine yazılıdan 100 mü aldın, diye sordu.

Ben de:

— Hayır anne, bütün derslerimden 100 alsam bile bu kadar çok sevinmezdim, dedim. Çünkü bu 100'ler sadece karnemi doyurabilirdi; kalbimi, ruhumu ve gönlümü değil!

Bunun üzerine annem yeniden sordu.

— Neymiş seni bu kadar sevindiren şey?

Ben de:

— İnsanların beni sevmeleri anne, sevmeleri. Benim de onları sevmem. İnsanlara, küçücük tatlı bir sözle de olsa sevgimi sunmam onların çok hoşuna gidiyor ve beni sevdiklerini de hemen belli ediyorlar, dedim. Biliyorsun değil mi hocam, Victor Hugo **"Yaşamda en büyük mutluluk sevilmekten ve sevildiğini bilmekten gelir."** diyor.

İşte buydu benim bu akşamki mutluluğum. Yatağıma uzandığımda da hep bunları düşünüyorum. Bir insan bir şey başarır ve ödülünü alır da hiç öylece kalakalır mı, yani onunla yetinir mi? Elbette ki hayır. Ben de yetinmeyerek bundan sonra göstereceğim davranışları, o davranışların olumlu-olumsuz yönlerini düşünüyordum çünkü içimden gelerek yaptığım her hareket, her zaman olumlu sonuç vermiyor. Mesela; bundan üç gün önceydi. Kızlarla yeni konuşmaya, şakalaşmaya başlıyor, onlarla tokalaşmaya alışıyordum. O gün okula sevinçli bir biçimde erkenden gelmiştim. Sonra bizim sınıftan bir kız arkadaşı gördüm. Kendisine nazikçe "Merhaba" deyip elimi uzattım. Aklıma gelmeyen başıma gelmişti. Elim boşlukta kaldı. Elini uzatmadığı gibi bana küçümser bir edayla baktı ve arkasını dönüp çekip gitti. O anki hâlimi artık tahmin edebilirsin sanırım.

Leo Buscaglia diyor ki; **"Ben tanıdığım bir bayanın elini şefkatle tuttuğum zaman (tokalaşırken) onu hemen bırakmam. Onu gözlerinin içine bakarak sevgimi hissettirmeye çalışırım."** Ben de bundan esinlenmiştim. Nereden bilebilirdim, arkadaşımın beni tersleyip bana sırtını döneceğini ve hiçbir şey demeden gideceğini?... Neyse o günü nasıl geçirdiğimi bilemedim.

İşte bunları da düşünüyordum az önce. Bu akşamki sevincimden beni uyku tutmadı. Akşam anneme şöyle demiştim:

— Anne, içimdeki sevgiyi ve yaşama sevincini ailemizdekilere, komşularımıza, arkadaşlarımıza paylaştırabilseydim herkese bir ömür boyu yeterdi.

Babamı Öptüm Hocaaam, Ona Sarıldım, Onu Öptüüüüm!...

Belki de sıkıldın ama yine de söylemek istiyorum, az önce yatağımda uyumaya çalışırken, yüreğimde hissettiğim sevgimle şöyle bir plan kurdum: Biraz sonra sahura kalktıkları zaman önce babamın boynuna sarılıp "Babacığım seni çok seviyorum" diyecektim, sonra aynısını anneme söyleyecektim. Daha sonra da kardeşlerimi öpecektim. Artık bundan sonra hep böyle davranacaktım. Bu benim için sadece bir hayaldi ama bunu yapabilecek güç bende vardı belki de. Bunu yapmak benim için olağanüstü bir şeydi ve belki de hayatımın dönüm noktası olacaktı.

Bunu yaptıktan sonra sevinç gözyaşları içinde seni arayacak ve yaptıklarımı hemen o anda (canlı yayında) sana duyuracaktım. Problemlerimi olduğu gibi o anki sevincimi, mutluluğumu seninle paylaşacaktım. Annemin, babamın ve kardeşlerimin yanında sana sevinçle şöyle bağıracaktım:

—Babamı öptüm hocaaam, ona sarıldım, onu öptüüüüm... Babam gözlerimin içine baktı... Bu harika bir şeeeey!...

İşte hayalim böyleydi. Sonra yatağın içine oturdum. Çok duygulanmış ve heyecanlanmıştım. Birdenbire ağlamaya başladım. Birden içimden sana yazmak geldi. Kalkıp giyindim. Çalışma masama oturup sana yazmaya başladım. Şimdi biraz rahatladım. Acaba az önce düşündüklerimi bizimkiler uyanınca yapacak mıyım bilmiyorum? Eğer yaparsam seni ararım.

Az önce annem uyandı. Saat dörde on var şimdi. Benim uyumayıp yazı yazdığımı görünce biraz sinirlendi. Şimdi sahur yemeği hazırlıyor. Galiba kızartma yapacak çünkü yağın cızırtısını taa buradan duyuyorum.

Benim böylesine değişmeme, bu olumlu duyguları yaşamama sen neden oldun. Her şeyden önce bana sarıldın, beni öptün. Beni önemsedin, adam yerine koydun. Diğer arkadaşlarım gibi senin yanındayken çok mutlu oldum.

Bana mektup yazdın. Sana sorduğum, sana anlattığım her konuda yardımcı oldun. Sen çok harika mektuplar yazıyorsun. Bazı arkadaşlarım senin mektuplarını sınıftaki, mahalledeki arkadaşlarına okutuyorlarmış. Mektupların elden ele dolaşıyormuş. Benim durumum özel olmasaydı ben de yazdıklarını herkesle paylaşırdım.

Sen bu mektupları kitap yapmayı düşünmüyor musun? Bence böyle bir şey yapsan çok güzel olur. Seni, hemen her gün birkaç arkadaşıma mektup verirken görüyorum. Öğrencilerin ortak sorunlarıyla ilgili olanları bir kitap yapsan da herkes okusa ne iyi olurdu, diye düşünüyorum.

Dikenli Bir Çiçeğe Katlanıyorsun...

Bir de bana çok güzel kitaplar verdin. Özellikle kantinin önünde toplum içinde konuşabilme sorunumu çözmem için bana **"Etkili Konuşma"** adlı kitabı heyecanla verişin gözümün önünden gitmiyor, o anı hâlâ canlı olarak yaşıyorum. **"Mucize İçimizde Saklıdır"**'ı verişini, **"Hey Arkadaş Sen**

Kimsin?"i hediye edişini asla unutamıyorum. Bu davranışların çok hoşuma gitti. Benimle gerçekten ilgileniyorsun.

Bütün yüreğimle şükranlarımı sunuyorum. Bu sahur vaktinde sana dua ediyorum. Yazdıklarımı okuma zahmetinde bulunduğun, benim gibi dikenli bir çiçeğe katlandığın için çok teşekkür ederim sevgili bahçıvanım.

Sevgi ve saygılarımla...

Cihan

HERKES KAHKAHALARLA GÜLERKEN O HİÇ GÜLMEZ, EN FAZLA HAFİFÇE TEBESSÜM EDERDİ. DERSİNE GİRDİĞİM DÖRT AY BOYUNCA ARKADAŞLARINA KARIŞIP ONLARLA OYNADIĞINI GÖRMEMİŞTİM. TENEFFÜSLERDE SADECE ÇOK SAMİMİ ARKADAŞI OLAN GÜLHAN'LA BİRLİKTE OLUR, ONDAN BAŞKA KİMSEYLE GEZMEZDİ OKUL BAHÇESİNDE.

ÇOBAN KIZI HATİCE

Karnemi Kime Göstereyim Öğretmenim?

Herkes kahkahalarla gülerken o hiç gülmez, en fazla hafifçe tebessüm ederdi. Dersine girdiğim dört ay boyunca arkadaşlarına karışıp onlarla oynadığını görmemiştim. Teneffüslerde sadece çok samimi arkadaşı olan Gülhan'la birlikte olur, ondan başka kimseyle gezmezdi okul bahçesinde.

Ders işlenirken tartışmalara katılmaz, yapılan konuşmaları dinlemekle yetinirdi. Tartışmaların en heyecanlı yerinde kendisine bir soru yönelttiğimde, ayağa kalkıp sessizce beklerdi. Herhangi bir konuda konuştuğunu veya farklı bir düşünce dile getirdiğini benden başka kimse de duymamıştı.

Derslere aktif olarak katılmamasına rağmen yazılı sınavlarından oldukça yüksek notlar alırdı. Hatta birinci yazılı sınavında sınıftaki en yüksek notu o almıştı. Diğer yüksek not alan öğrenciler derslere aktif olarak katıldıklarından onları tanıyordum. En yüksek not alan onu ise karne gününe kadar yakından tanıyamamıştım.

Karnelerin verileceği gün tüm öğrenciler bahçede toplanmışlardı. Herkes karnelerin verileceği anı heyecanla bekliyordu. Bazı öğrenciler karne sevinçlerini anne-babalarıyla paylaşmak için onlarla birlikte gelmişlerdi.

Karneler dağıtıldıktan sonra bazı öğrenciler sevinirken, bazıları da üzülüyordu. Anneleriyle birlikte heyecanlı bir şekilde notlarını inceleyenler, karnelerini havaya kaldırıp sallayanlar, zayıf notlarının fazla oluşuna sinirlenip yırtanlar, oturup ağlayanlar, notlarına itiraz etmek için öğretmenlerini arayanlar çok ilginç bir ortam oluşturmuşlardı.

Tüm sınıfların karneleri dağıtıldıktan sonra öğrenciler yavaş yavaş okul bahçesini terk ettiler. Az önce yaklaşık 4000 öğrencinin oluşturduğu hareketli manzara, yerini sessizliğe bırakmıştı. Bahçenin ortasındaki dut ağacının altında bir tek öğrenci duruyordu. Arkası benim bulunduğum yere dönüktü. Acaba neden orada dikiliyor da evine gitmiyordu?

Yanına gidip konuşmaya karar verdim. Merdivenlerden inip dut ağacına yöneldim. Oraya yaklaşınca öğrencinin ağladığını fark ettim. Biraz bekledim. O benim geldiğimi görmemişti. Biraz daha yaklaşıp elimi omzuna koydum:

— Hayrola Hatice, neden ağlıyorsun?

— ...

— Anladım anladım, zayıfların çokluğuna ağlıyorsun. Zayıf dolu karneni eve götürüp anne-babana göstermekten korkuyorsun değil mi?

— ...

Hatice'nin karnesini görmeden böyle demiştim, espri yaparak onu rahatlatmak istemiştim. O ise hiçbir şey söylemeden karnesini bana uzattı. Ağlamaya devam ediyordu. Karnesine baktığımda ağlama sebebinin **"zayıflar"** olmadığını anladım çünkü sadece bir tane üçü vardı. Diğer notlarının hepsi 4-5'ti, takdirname almıştı.

— Yoksa bir tane 3'ün var diye mi ağlıyorsun Hatice?

Hatice ağlamasını durdurmuştu. Derin bir iç çekerek cevap verdi:

— Hayır öğretmenim.

— Peki, neden ağlıyorsun? Yoksa baban hediye almayacak diye mi üzülüyorsun?

— Benim babam yok öğretmenim.

— Baban yok mu?

Hiç beklemediğim bu cevap karşısında donakalmıştım. Söyleyecek söz bulamıyordum. Hatice'nin içi yanarken ben ne anlamsız espriler yapmaya çalışıyormuşum meğer...

— Az önce anne-babalarıyla gelen arkadaşlarımızı gördünüz değil mi öğretmenim? Bizim sınıftaki Bülent'in annesi nasıl da kucakladı oğlunu.

Hatice yeniden ağlamaya başladı. Konuşamıyordum, afallamıştım. Vücudum bacaklarıma, başım omuzlarıma ağır geliyordu.

— Siz de biliyorsunuz ki öğretmenim, öğrencilerin çoğu karnelerini eve götürüp anne-babalarına gösterecekler. Anneleri onları öpecek, babaları da tebrik edip hediyeler alacak. Ben, ya ben karnemi kime göstereceğim öğretmenim? Arkadaşlarımın anneleri onları sevip okşayacak, babaları da çocuklarının başarılarından gurur duyacak. Oysa benim karnemi göstereceğim...

Sözünü bitiremedi, yeniden ağlamaya başladı. Belki daha konuşacak, daha çok şey anlatacaktı ama gözyaşları buna engel oldu.

İşte benim Hatice'yle yakınlığım böyle başlamıştı. Uzun siyah saçlarını iki örgü yaparak sırtından aşağı salıveren bu mahzun öğrencimi karne gününe kadar yakından tanıyamamıştım. Hâlbuki o güne kadar dört ay boyunca dersine girmiştim. Sınıflar 90–95 kişilikti ve ben 12 sınıfa giriyordum. Haftada bir gün sadece iki saat birlikte olduğum 1000'i aşkın öğrencinin hepsini tanımam pek de kolay değildi.

Hatice'nin ilgiye, sevgiye ve şefkate ihtiyacı vardı. Aslında o ilgiyi daha önce beklemişti. Derslerde susmasının, gülmemesinin, arkadaşlarına katılmamasının nedeni, yüreğinde hissettiği acılarıydı demek ki. O, iç dünyasında yanardağlar gibi patlarken, nice özlemleri, acıları yaşarken biz onun sessiz ve sakin dış görünüşüne bakıp "Aman ne uslu çocuk."

diyorduk. Ona ve onun gibi nice öğrencimize ulaşamıyor, onları sadece dış görünüşlerine ve aldıkları notlara göre değerlendiriyorduk.

Hatice ağlarken ne o konuşabilecek durumdaydı, ne de ben. Hava çok sıcaktı ve dışarıda durmak insanı bunaltıyordu. Dışarıda sıcaktan bunalmaktansa bizim eve gitmenin daha doğru olacağını düşündüm. Bu düşüncemi Hatice'ye açtım:

— Bak canım, biz öğretmenler her zaman sizlerin annebabası gibiyiz. Elbette tam olarak onların yerini alamayız, onların gösterdiği şefkati tam olarak gösteremeyiz. Ancak yine de onları aratmamak için çaba gösteririz. Şimdi sana bir teklifim var: Haydi, bize gidelim. Oturup konuşuruz olmaz mı canım?

Teklifimi kabul etti. Okuldan çıkıp eve gittik. Süzme yoğurttan yaptığım buz gibi ayranları içerken sohbete başladık:

Yazları Çobanlık Yapıyorum...

— Nerelisin Hatice?

— Mersinliyim Öğretmenim.

— İçinden mi?

— Hayır, Gülnar ilçesinin bir köyündenim.

— Burada nerede kalıyorsun?

— Abimin yanında.

— Abin ne iş yapıyor?

— Fabrikada çalışıyor.

— Evli mi?

— Evet.

— Sen sürekli olarak mı abinle kalıyorsun?

— Hayır Öğretmenim, yaz tatilinde köye gidiyorum.

— Köyde kim var?

— Bir abimle küçük kardeşlerim.

— Kaç kardeşsiniz?

— Yedi kardeşiz.

— Sen kaçıncısın?

— Üçüncüyüm Öğretmenim.

— Yani senden küçük dört kardeşin daha var?

— Evet.

— Babam yok demiştin değil mi?

— Evet Öğretmenim, annem de yok.

— Annen de mi yok?

— Evet, iki yıl önce trafik kazasında öldüler.

— Peki canım, size kim bakıyor?

— Abilerim.

— Sen köye gidince ne yapıyorsun, çalışıyor musun?

— Evet Öğretmenim, çobanlık yapıyorum. Koyunlarımız ve keçilerimiz var, onları güdüyorum.

— Köydeki abin ne iş yapıyor?

— Çiftlikle uğraşıyor.

— Kardeşlerine kim bakıyor, kim ilgileniyor onlarla?

— Abimle yengem. Buradaki abim de para gönderiyor. Ben de yaz tatillerinde yardımcı oluyorum.

— Sürekli birlikte olduğun Gülhan neyin oluyor, bir akrabalığınız var mı?

— Evet, dayımın kızı.

— Sanırım onu çok seviyorsun.

— Evet Öğretmenim, çünkü beni en iyi o anlıyor.

— Ondan başkası seni anlamıyor mu?

— Hayır öğretmenim, anlamıyor. Daha doğrusu ben Gülhan'dan başka kimseyle konuşmuyorum.

— Neden?

— Çünkü beni anlamazlar.

— Anlatsan da mı anlamazlar?

— Bilmem.

— Peki, sen hiç anlattın mı?

— Hayır, anlamazlar diye anlatmadım.

Anladığım kadarıyla Hatice'nin paylaşmak istediği birçok konu vardı. Ancak kimsenin kendisini dinlemediğini ve anlamadığını düşünüyordu. Bu düşünceyle de iç dünyasını kimseye açmıyordu. Ben kendisine sorular sordukça cevap veriyor, söylediklerinin ilgiyle dinlenildiğini gördükçe de daha çok şey anlatmak istiyordu.

Eşim de ben de Hatice'yi sevmiştik, kanımız ısınmıştı. Gösterdiğimiz ilgiden çok memnun kalmıştı. Okuldayken ağlayan, ne yapacağını, nereye gideceğini bilmeyen Hatice şimdi gülümsüyordu, oldukça rahatlamıştı. Eve gelirken zamanının az olduğunu söyleyen Hatice, şimdi bizden ayrılmak istemiyordu. Akşama doğru köye gitmek üzere evimizden ayrıldı.

Yaz tatili dönüşü evde kapının altından atılmış bir mektup vardı. Gönderen Hatice'ydi.

BİR GÜN SONRA KARNEMİ DE ALARAK MEZARLIĞA GİTTİM. ANNEMLE BABAMIN MEZARLARININ ORTASINA OTURDUM. KARNEMİ AÇIP YERE KOYDUM. "SİZ BENİ KARŞILAMAYA GELMEDİNİZ, BEN SİZİN YANINIZA GELDİM. KALKIN NE OLUR, ELİNİZİ ÖPMEK İSTİYORUM. SİZE TAKDİRNAME GETİRDİM, SİZİ ÇOK ÖZLEDİM. HAYDİ KALKIN, BENİ KUCAĞINIZA ALIN. SİZE SARILMAK İSTİYORUM." DİYE AĞLADIM.

HATİCE'NİN MEKTUBU

Karnemi Alıp Anne Babamın Mezarına Gittim...

Sevgili Öğretmenim,

Mektubuma ellerinizden öperek başlıyorum. İki yıldır 19 Mayıs Ortaokulundayım. İlk defa bir öğretmenimin evine gidip onunla konuştum.

Köyden ayrılıp Adana'ya okumaya geldiğimde çok korkmuştum. Okul çok büyüktü; kaybolurum, beni çalarlar diye ödüm kopmuştu. Hatta ilk gün çantamı koyduğum sırada bulamayınca "Çantamı çalmışlar." diyerek öğretmene şikâyet etmiştim. Sınıfta çantamı bulamadık.

İşin aslı sonradan anlaşıldı: Ben kendi sınıfım diye bir önceki sınıfa girmişim. Sınıftakiler bunu anlayınca bana çok güldüler. Ben de utancımdan kıpkırmızı oldum. Bir de bizim köydeki ilkokulda tüm öğrencilerin toplamı 23 kişiydi. 19 Mayıs Ortaokulunda biz bir sırada dört kişi oturuyorduk ve sınıfımızda 94 kişi vardı.

Annemle babam ben beşinci sınıfa giderken öldüler. Evin büyük kızı ben olduğum için kardeşlerime bakmak bana kalmıştı. İlkokul bitince öğretmenim abimi çağırıp "Hatice'nin mutlaka okuması lazım, onu buradan kurtarın, götürüp okutun." dedi. Büyük abim beni yanına aldı. Küçük abim de evlendi, kardeşlerime onlar bakıyorlar.

Öğretmenim, dersimize giren bazı öğretmenler arkadaşlarımızı kaldırıp "Baban, annen ne iş yapıyorlar?" diye soruyorlardı. Bana sormasınlar diye ben, başımı sıranın üzerine eğiyordum. Arkadaşlarımın annemle babamın öldüğünü bilmelerini istemiyordum.

Sınıf öğretmenimiz "Veliler toplantısına herkesin anne-babası mutlaka gelecek." dediğinde benim içimde bir şeyler düğümlenirdi. Onların yokluğunun eksikliğini yaşardım. Veli toplantılarının birine dayımla gelmiştik. Arkadaşlarımın anne babaları öğretmenlerle konuşuyor, onlara çocuklarının durumlarını soruyorlardı. Bazıları çocukları için daha başka neler yapabileceklerini soruyordu.

Ben de annem ve babamla birlikte veli toplantılarına gitmeyi çok isterdim ama onlar yoktu işte. Bundan sonra hiçbir zaman da olmayacaklardı.

Sınıfımız çok kalabalık olduğu için öğretmenlerimiz hepimizle ayrı ayrı ilgilenemiyorlar. Ben annemden ve babamdan göremediğim ilgiyi her zaman öğretmenlerimden bekledim ama göremedim öğretmenim. Siz bana bir baba gibi davrandınız. O gün sizden ayrılmak, evinizden gitmek istemedim.

Köye giderken otobüste beni tanıyanlar karneme baktılar. Takdirname aldığım için beni kutladılar. Beni sevip başımı okşadılar. Bazıları ise harçlık verdi ama hiçbiri annemle babamın yerini tutmuyordu.

Otobüste Mersin'de okuyan tanıdığım iki öğrenci daha vardı. Köye yaklaştığımızda onların heyecanı arttı çünkü babaları onları karşılamak için otobüsün gelmesini bekliyordu.

Otobüs köy meydanında durduğunda o iki öğrenci babalarının kucağına nasıl da atladılar öğretmenim? Ben de babamın orada olmasını ve beni karşılamasını çok isterdim. Ama yoktu. Ben de sessizce eve geldim.

Bir gün sonra karnemi de alarak mezarlığa gittim. Annemle babamın mezarlarının ortasına oturdum. Karnemi açıp yere koydum. "Siz beni karşılamaya gelmediniz, ben sizin yanınıza geldim. Kalkın ne olur, elinizi öpmek istiyorum. Size takdirname getirdim, sizi çok özledim. Haydi kalkın, beni kucağınıza alın. Size sarılmak istiyorum." diye ağladım.

Annem okumamı ve doktor olmamı çok isterdi çünkü annemin hayatı bu dağ köyünde hep hastalıklarla geçti. Bana her zaman "Oku kızım, oku doktor ol da ananı iyileştir." derdi.

Ben annemle babamın ölümünü kabullenebiliyorum. Diğer kardeşlerim küçük oldukları için ölümün farkında değiller. Ben köye gelince annemle babamın da geleceğini sandılar. Şimdi bana **"Abla, annemle babam ne zaman gelecekler?"** diye sorup duruyorlar.

Köyde çobanlık yapıyorum, koyunları güdüyorum. Akşam olduğunda erkenden eve dönüyorum. Karanlıkta koyun gütmeye korkuyorum. Ayrıca kardeşlerimle de ilgilenmem gerekiyor.

Mektubumu burada bitiriyorum. Sizden abim ve yengeme de söz ettim. Onların da size selamı var. Okulların açılmasını dört gözle bekliyorum. Ellerinizden öpüyorum Öğretmenim.

Hatice

* * *

Hatice'nin mektubu beni çok etkilemişti. Öğrencilerle yakından ilgilendiğimi, onların problemlerini dinlediğimi ve onlara yardımcı olduğumu zanneden ben, ulaşmam gereken birçok öğrenci olduğunu bir kere daha anlamıştım.

Hatice Okula Gelmeyecek...

Eylül'de okullar açıldığında Hatice'yi aradım, yoktu. Demek daha köyden gelmedi, diye düşündüm. Birkaç gün daha bekledim ama o hâlâ yoktu. Dayısının kızı Gülhan'ı buldum:

— Hatice nerede?

— Gelmeyecek.

Şaka yaptığını sandım.

— Gelmeyecek mi?

— Evet Öğretmenim, Hatice artık okumayacak.

— Peki ama neden?

— Öğretmenim, o artık kardeşlerine bakacak, eğer o okursa kardeşlerine bakacak kimse kalmıyor.

— Abisiyle yengesi bakıyorlardı ya, onlara ne oldu?

— Onların da bebeği oldu, yengesi beş çocuğa birden bakamıyor.

Çok üzüldüm. O an Hatice'yi beyaz önlüklü bir doktor olarak hastalarını muayene ederken hayal ettim. Bu kız okumalıydı. Adana'da oturan abisinin telefonunu bulup aradım:

— İyi günler. Ben Alişan, Hatice'nin öğretmeniyim.

— İyi günler hocam. Ben de Hatice'nin abisiyim. Nasılsınız?

— İyiyim, teşekkür ederim. Ya siz?

— Allah'a şükür iyiyiz be hocam, uğraşıp duruyoruz.

— Hatice'yi aradım, okulda yoktu. Artık okumayacağını duydum, doğru mu?

— Evet hocam, doğru. Hatice çok akıllı, dersleri de çok iyi. Biz de kendisini okutmak istedik ama şartlar müsait değil.

— Hangi şartlar?

— Biliyorsunuz bizim anamız babamız yok. Dört küçük kardeşimiz evde kaldı. Bakacak kimse yok, Hatice onlara bakacak.

— Hatice daha kardeşlerine bakabilecek kadar büyük değil. Okumayı da çok istiyor. Buna bir çare bulamaz mıyız?

— Vallahi hocam, biz çok düşündük olmadı. Çocukları buraya alalım dedik, biliyorsunuz evimiz çok küçük, olmadı. Daha büyük bir ev tutacak maddi imkânımız yok. Köydeki kardeşim derseniz onların da çocukları oldu, beş çocuğa bakmaları çok zor. Bu sene iyi-kötü böyle idare edeceğiz.

— Çok üzüldüm, Hatice'nin geleceği kararıyor, biliyor musunuz?

— Biliyoruz ama elimizden gelen bir şey yok.

— Peki, Hatice'yi biz yanımıza alalım. Bizde kalsın olmaz mı?

— İşte tüm mesele de bu ya hocam. Hatice kardeşlerini bırakıp Adana'ya gelemiyor. Gelse zaten bizde kalıyor. Onu köyde kalıp dört küçük kardeşine bakması lazım.

— Peki, iyi günler.

— İyi günler Hocam, ilgilendiğiniz için sağ olun.

O gün Gönül Bahçemde yeni açmaya başlayan bir çiçek daha soluvermişti. Abisinin "Bu sene iyi-kötü böyle idare edeceğiz." dediği Hatice artık okul hayatını noktalıyordu. Bir sonraki yıl okullar açıldığında onu görebilecek miydim bilmiyordum.

BİZLER, ANNE-BABA OLARAK ÇOCUKLARIMIZI, BİZDEN BEKLEDİKLERİ GÜZELLİKLERDEN YOKSUN BIRAKMAMAMIZ GEREKTİĞİNİ GÖRMELİYİZ ARTIK. ÇOCUĞUMUZ BİZDEN BEKLEDİĞİ ANLAYIŞ VE HOŞGÖRÜYÜ ALAMIYORSA KENDİSİNİ BİZİM YANIMIZDA GÜVENDE HİSSETMİYORSA İHTİYACI OLAN MUTLULUĞU BİZİMLE YAŞAMIYORSA O ZAMAN BİZİM BİR ÖLÜDEN NE FARKIMIZ VAR? BİZİM VARLIĞIMIZLA YOKLUĞUMUZ FARK ETMİYORSA ÇOCUKLARIMIZLA AYNI ÇATI ALTINDA YAŞAMAMIZIN NE ANLAMI VAR?

HATİCE EVLENİYOR...

Aradan yıllar geçti. Bir gün okulda nöbetçi öğrenciler adıma gelmiş bir mektup getirdiler. Açıp baktığımda çok şaşırdım. Bu Hatice'nin düğün davetiyesiydi. Davetiyede şöyle yazıyordu:

"Kızımız Hatice ile Oğlumuz Remzi'nin düğün törenlerinde sizleri de aramızda görmekten kıvanç duyarız."

Düğün Adana'nın meşhur otellerinden birinin salonunda yapılacaktı. Galiba Hatice zengin bir delikanlıyla evleniyordu.

Düğün salonuna gittiğimde gözlerime inanamadım. 14 yaşındaki, iki örgülü o minik kız gitmiş, yerine dünya tatlısı, güzel mi güzel, harika bir genç kız gelmişti. Bembeyaz gelinliğinin içinde mahzun bir yüzle süzülüyordu. Gelinin Hatice olduğunu bilmesem belki de onu tanıyamazdım.

Hatice düğününe gelen misafirlerin kutlamalarını nazikçe kabul ediyor, onlara gülümsemeye çalışıyordu. Hayatın yükü Hatice'nin omuzlarına çok erken binmiş ve onu çok genç yaşta olgunlaştırmıştı, duruşuyla saygı uyandırıyordu.

Kendisini tebrik etmeye gittiğimde beni karşısında görünce çok şaşırdı. Bir an gözlerinin içinin güldüğünü fark ettim. Ancak gözlerinin içindeki bu parıltı biraz sonra derin bir hüzne dönüştü. Oturduğum yerde Hatice'ye baktığımda onun zaman zaman dalıp gittiğini görüyordum.

Salondaki eğlence tüm hızıyla devam ediyordu. Davetlilerin bir kısmı kalkıp pistte oynuyor, dans ediyor, halay çekiyor, yorulunca da yerlerini, kendilerinden sonrakilere bırakıyorlardı. Gelinle damat da zaman zaman kalkıp kendileriyle oynamak isteyen davetlilerle oynuyorlardı. Pistte gülümsemeye çalışan Hatice, yerine oturunca salonun girişine bakıp dalıyordu.

Hatice'nin içi yanıyordu. Kim bilir annesiyle babasının kendisini bembeyaz gelinlikler içinde görmelerini, onun mürüvvetini yaşamalarını ne kadar çok istiyordu. Onlar el ele tutuşup kapıdan içeri girsinler, doğrudan Hatice'nin oturduğu koltuğun yanına gelsinler, kızlarıyla damatlarına sarılıp onları öpsünler, yavrularını bağırlarına bassınlar ve sonra da bir köşeye çekilip mutluluk gözyaşı döksünler ümidiyle kapıya bakıyordu belki de.

Gelin Hanımın Annesiyle Babasını Sahneye Davet Ediyorum...

Elinde mikrofon olan sunucu, misafirlerin eğlencelerine katkıda bulunmak için kılıktan kılığa giriyordu. Bazen fıkralar anlatıyor, bazen şarkılar söylüyordu, bazen de alkışlarla tempo tutturuyordu. Bir ara damadın annesiyle babasını sahneye davet etti. Onların nazlandığını görünce misafirlere alkışlatarak bir kere daha yineledi davetini. Onlar çıkıp oynadıktan sonra kardeşlerini, sonra akrabalarını, en son da arkadaşlarını çağırdı.

İşte tam bu sırada beynimde şimşekler çaktı çünkü sıra Hatice'ye geliyordu. İçim yanmaya başladı. Acaba bu sunucu Hatice'nin annesiyle babasının hayatta olmadıklarını biliyor muydu? Eğer bilmiyorsa!...

Aman Allahım!

Biraz sonra korktuğum başıma geldi. Sunucu damat tarafından oynatacak kimse bırakmayınca gelin tarafına geçti. Mikrofonu ağzına götürüp herkese teşekkür ettikten sonra:

— Şimdi de gelin hanımın annesiyle babasını sahneye davet ediyorum, deyiverdi.

Ağzımdan acı bir **"Eyvah!"** çıktı. Beynim uyuşmuştu sanki ne yapacağımı bilemiyordum. Gözyaşlarımı saklamaya çalışıyor, hıçkırmamak için kendimi zor tutuyordum. Hatice'yi tanıyanlar **"Vah yavrum vah, vah talihsiz gelin vah!"** der gibi acıyarak bakıyorlardı. Onu tanımayanlar ve annesiyle babasının hayatta olmadığını bilmeyenler ise sahneye çıksınlar diye kuvvetli alkışlarını devam ettiriyorlardı.

Bir an kalkıp onun annesiyle babasının yerine oynayayım diye düşündüm ancak sonra vazgeçtim.

Dönüp Hatice'ye baktığımda iki damla gözyaşının yanaklarından aşağıya yavaşça süzüldüğünü fark ettim. Salonda alkışlar tüm hızıyla devam ederken o annesiz ve babasız bir gelin olmanın verdiği acıyı gizlemeye, içinde kopan hüzün fırtınalarını dışına yansıtmamaya çalışıyordu.

Sonunda Hatice'nin annesiyle babasının gelmeyeceğini bilen birisi bunu sunucuya haber verdi. Bunun üzerine sunucu gelinin kardeşlerini sahneye davet etti.

O gün Hatice düğün salonundan ayrılırken "Allah'a ısmarladık." deyip elini öpeceği, sarılıp ağlayacağı annesiyle babası yoktu. Ruhunun ve yüreğinin aradığı sevgiyi ve ilgiyi anne-babasından görme imkânı bulamayınca onu öğretmenlerinden beklemişti. Ne yazık ki hayat şartları onu okulundan da koparmış ve köyde yaşamaya mahkûm etmişti. Şimdi o, beklediği sevgiyi kocasında arayacak, kendisinin özlemini çektiği şefkati çocuklarına verecekti.

Düğün bittiğinde eve geldim. Hatice'nin beyaz doktor önlüğü giymeden beyaz gelinlik giymesi beni oldukça üzmüştü.

Bizler öğretmen olarak biraz daha çaba gösterip yanı başımızda bulunan Haticeleri fark edebiliriz. Onların anne ve babalarından göremeyip bizden bekledikleri ilgi, sevgi ve şefkati onlara biz verebiliriz. Onların korkularını giderecek, kendilerini huzur içinde hissetmelerini sağlayacak güvenli ortamları sağlayabiliriz. O zaman beyaz doktor önlüğü giymek isteyen birçok çocuğumuzun hayallerine kavuşmalarına katkıda bulunabiliriz. Gözlerdeki yaşları durdurabilir, mahzun yüzlerde gülücükler yaratabiliriz. Zaten öğretmenlik, bizden güzel şeyler bekleyenlerin beklentilerine karşılık vermek değil midir?

Bizler, anne-baba olarak çocuklarımızı, bizden bekledikleri güzelliklerden yoksun bırakmamamız gerektiğini görmeliyiz artık. Çocuğumuz bizden beklediği anlayış ve hoşgörüyü alamıyorsa kendisini bizim yanımızda güvende hissetmiyorsa ihtiyacı olan mutluluğu bizimle yaşamıyorsa o zaman bizim bir ölüden ne farkımız var? Bizim varlığımızla yokluğumuz fark etmiyorsa çocuklarımızla aynı çatı altında yaşamamızın ne anlamı var?

Şimdi hemen şimdi kucağımızı çocuklarımıza açalım. Onlara bir ölü olmadığımızı, yaşadığımızı gösterelim. Ellerinden tutup mutluluğu birlikte paylaşalım.

Geçenlerde okulun en üst katında nöbetçi olduğum gün, dersine girmediğim lise birinci sınıftan bir öğrenci yanıma yaklaştı:

— Öğretmenim, size bir şey sorabilir miyim?

— Tabii, buyur.

— Siz Hatice Yıldırım adında bir öğrencinizi hatırlıyor musunuz?

— Elbette, hiç unutmadım ki.

— Size çok selamı var öğretmenim.

— Yaa!

— Evet öğretmenim.

— Peki, Hatice şimdi nerede, sen onun nesi oluyorsun?

— Kardeşiyim öğretmenim. Ablam da şimdi Mersin'de oturuyor.

— Kardeşi misin? Demek o kadar büyüdün ha! Peki, Hatice neler yapıyor?

— Bir şey yapmıyor öğretmenim.

— Çocuğu var mı?

— Evet var, iki tane.

— Aman Allahım ne güzel. Peki, senin adın ne, hangi sınıftasın?

— Sabri, öğretmenim. Sabri Yıldırım. 9-B sınıfındayım.

— Peki canım, çok teşekkür ederim. Bundan sonra her zaman görüşelim olur mu?

— Olur öğretmenim, iyi dersler.

— İyi dersler Sabri.

O an 2-K sınıfındaki iki örgülü, sessiz Hatice'yi düşündüm. Karnelerin verildiği gün, dut ağacının altındaki ağlayışı canlandı hayalimde. Demek o küçük kız şimdi anne olmuştu.

Çok duygulanmıştım. O saat dersim olan sınıfa gidip Hatice'yi anlattım.

BABANIZI BEKLERKEN,
ANNESİYLE BABASININ ELLERİNİ
TUTMUŞ, ONLARLA BİRLİKTE YAVAŞ
YAVAŞ YÜRÜYEREK SOKAĞINIZDAN
GEÇEN BİR ÇOCUĞU GÖRÜP DE
ONU KISKANDIĞINIZ OLDU MU?
YATAĞINIZA GİTMEDEN ÖNCE
İYİ GECELER DEYİP DE ÖPMEK
İSTEDİĞİNİZ BABANIZIN O ANDAKİ
YOKLUĞUNU GÖRÜP BUNA
KIZDINIZ MI?

PINAR'IN MEKTUBU

Akşam İş Çıkışı Hep Babamı Bekleriz,

Ama O Doğruca Kahveye Gider...

Sevgili Öğretmenim,

Size bu mektubu, her akşam oturup babamı beklediğim pencerenin önünden yazıyorum.

Zarfın üzerinde adımı okuyunca belki de diyeceksiniz ki "Bu kız da kim?" Böyle demekte de haklısınız çünkü siz beni tanımıyorsunuz. Bizim dersimize girmediniz ancak bir boş dersimizde sınıfımıza gelmiştiniz. Bize şakalar yapıp güldürmüştünüz. Sınıftaki arkadaşlarımızın çoğu ağlamıştı siz o hikâyeyi anlatırken. Belki arkadaşlarımızın çoğu anlattığınız sevgiyi evlerinde yaşıyorlar, belki de ailelerinden bekledikleri sevgiyi görüyorlar.

Bense hiç ağlamadım. Anlattıklarınızı düşündüm öğretmenim, evet sadece düşündüm. Biliyor musunuz o sevgiyi ben hiç yaşamadım, hissetmedim. Ailemde ve çevremde o sevgiyi bana hiç kimse göstermedi. Size birazcık kendimden ve ailemden söz etmek istiyorum. Eğer yazacaklarımı okursanız çok sevineceğim.

Biz iki kardeşiz, ikimiz de aynı sınıftayız. Babam fabrikada işçi olarak çalışıyor, annem ise ev hanımı. Babam bizi hiç sevmez öğretmenim, bize yüz vermez. Ne zaman onunla konuşmak istesek bizi başından savar ve hiç dinlemez. Hatta biz babamla hiç görüşmeyiz bile çünkü babam işten çıkınca doğruca kahveye gider ve orada arkadaşlarıyla hep kumar oynar. Akşam yemeğine eve gelmez. Kahvede lahmacun veya simit yermiş, oyundan zaman bulup eve gelemezmiş.

Akşam olunca ben, annem ve kardeşim sofraya oturup hep babamı bekleriz ama o gelmez öğretmenim. Karşımıza oturup bize gülümseyerek bakıp konuşmasını, bizi çağırıp kucağına almasını, öpüp okşayarak sevmesini, şakalar yapmasını, şefkatli elleriyle saçımızı okşamasını isteriz. Sonra bize okulumuzu ve arkadaşlarımızı, derslerimizin nasıl olduğunu sormasını bekleriz. Bekleriz ama o hiç sormaz öğretmenim. Arada bir evde olsa bile yine bizimle konuşmaz, televizyonun karşısına oturup ya haberleri izler ya da maç seyreder.

Biz babamızı beklerken, sessizce yemeğimizi yer ve "Anne, dersimiz var." diyerek odamıza çekiliriz. Canımız ders yapmak da istemez. Sonra kardeşimle konuşmaya başlarız. Arkadaşlarımızın anlattıkları gelir bir bir gözlerimizin önüne: Ayşe'nin babasının eve geldiğinde çocuklarıyla nasıl oynadığını, Aykut'un babasının hafta sonlarında çocuklarıyla parka gidip orada ne güzel eğlendiğini düşünürüz. Sonra Gülay'ın anlattığı piknik hatıraları canlanır gözlerimizde. Birçok arkadaşımızın aldığı harçlıklar, babalarının akşam kendilerine getirdiği çikolatalar bizim için hep hayaldir.

Babamızın evde bizimle oturup bize, "Kızım bir bardak su verir misin?" demesini ne kadar çok isterdik. Kardeşimle ona su getirmek için yarışır, belki kavga bile ederdik "Önce ben getireceğim" diyerek. Babamızın bize kızmasına, azarlamasına bile hasretiz biliyor musunuz öğretmenim!

İşte biz kardeşimle odamızın caddeye bakan penceresinin önünde oturur ve babamızın gelmesini bekleriz. Başımızı sokağın bizim eve dönen köşesine çevirir, oradan dönen herkesi **"İşte babam!"** diye heyecanlanarak bekleriz.

Keşke Bir Okey Taşı Olsaydım...

Aaah öğretmenim, babanız yaşadığı halde baba hasreti çekmenin ne demek olduğunu bilir misiniz? Babanız bir sokak ötedeki kahvede olduğu hâlde ondan çok uzaklarda olmanın ne demek olduğunu bilir misiniz? Demir parmaklıklı pencerenizin önünde babanızı beklerken uyuyakalmanın, sabah uyandığınızda annenizin sizi yatağınıza aldığını görmenin ve babanızın yine gelmemiş olduğunu anlamanın acısını hiç yaşadınız mı? Bir okey taşı veya iskambil kâğıdı kadar önemsenmemenin hüznünü hiç yüreğinizde duydunuz mu?

Babanızı beklerken, annesiyle babasının ellerini tutmuş, onlarla birlikte yavaş yavaş yürüyerek sokağınızdan geçen bir çocuğu görüp de onu kıskandığınız oldu mu? Yatağınıza gitmeden önce iyi geceler deyip de öpmek istediğiniz babanızın o andaki yokluğunu görüp buna kızdınız mı?

Hayır öğretmenim, siz bu yazdıklarımı bilemezsiniz. Siz bu durumun acısını yaşamadınız, iliklerinize kadar hissetmediniz, ruhunuzu sevgisizlik bulutları kaplamadı. Bunu nereden mi biliyorum? Siz bizim sınıfımıza geldiğinizde babanızdan söz ederken onun sevgisiyle kendinizden geçiyordunuz. Ağzınızdan **"baba"** kelimesi çıktığında gözleriniz ışıl ışıl oluyor ve yüzünüzü tatlı bir tebessüm kaplıyordu.

Bunları neden mi yazdım öğretmenim? Sizi, babamızın yerine koyuyoruz. Hatta sizi kendimize babamızdan yakın görüyoruz. Keşke biz sizin kızınız olsaydık.

Biz sevgiyi çok özledik. Lütfen öğretmenim, sizden ve diğer öğretmenlerimizden çok fazla bir şey beklemiyoruz. Bize sevgi ve şefkat göstermenizi bekliyoruz. Bunları bizden esirgemeyin, surat asmayın bize ne olur.

Size gelen birçok mektup arasından bize de karşılık yazarsanız çok seviniriz.

Hoşça kalın öğretmenim...

Öğrenciniz Pınar

SADECE SİZ DEĞİL, SİZİN
GİBİ BİRÇOK ÇOCUĞUMUZ
BABALARI KAHVEDEKİ OYUNUNU
BIRAKAMADIĞI İÇİN ONLARIN
YOLUNU BEKLİYOR. AKŞAM
BABASINI GÖRMEDEN UYUYAN,
SABAH UYANDIĞINDA İSE BABASI
ÇIKTIĞI İÇİN ONU GÖREMEYEN ÇOK
SAYIDA ÇOCUK VAR ÜLKEMİZDE VE
DÜNYANIN BİRÇOK YERİNDE.

ONLARIN YÜREĞİ SEVGİ DOLU AMA BUNU NASIL GÖSTERECEKLERİNİ BİLMİYORLAR

Pınar Canım, Güzel Çiçeğim; Merhaba

Ilık ılık duygular depreşti yüreğimde mektubunu okurken. Gözyaşlarıma hâkim olamadım. Keşke şimdi senin yanında olsaydım. Seni kucaklayıp öpseydim. Sana gülümseyerek "Seni seviyorum sevgili çiçeğim." deseydim.

Nasıl özledim bir bilsen okulumu ve siz sevgili öğrencilerimi!... Sizlerden ayrılalı daha 20 gün bile olmadı, ama bu süre sanki çok daha uzunmuş gibi geldi bana. Gerçi sağ olun, sizler beni burada yalnız bırakmayıp mektuplarınızla ziyaret ettiniz. Ancak gülümseyen yüzlerinizi, yüreğinizden gelen "Öğretmeniiiiiiim!" deyişinizi, bahçedeki sohbetleri, şakalaşmamızı çok özledim.

Adını zarfın üzerinde gördüğümde tanıdık gelmedi. Bu dönem derslere girmediğim için ancak oturup sohbet ettiğim, dışarıda görüştüğüm öğrencilerin adlarını biliyorum. Birçok öğrencinin yüzünü görsem hatırlarım ama adlarınızdan kim olduğunuzu çıkaramıyorum.

Ruhumda her zaman yaşadığınız için aldığım mektupların üzerindeki adların hiçbirisine "Bu da kim?" demedim çünkü onların bahçemden gelen birer çiçek olduğunu biliyorum. Her ne kadar birçoğunuzla tanışmamış olsam da sizler benim gönül bahçemin canım çiçeklerisiniz.

Mektubuna çok üzüldüm Pınar. Komşularımızın bizde toplandığı bir akşam onlara da okudum. Herkes çok duygulandı. Köyümüzdeki insanlar sevgi dolu, çok doğal insanlardır. Cana yakındırlar, hele misafirperverliklerine diyecek yoktur. Ancak çocuklarını çok seven bu insanların bir kısmı, onlara sevgilerini göstermezler. Daha doğrusu gösteremezler çünkü onlar da sevginin nasıl gösterileceğini bilmezler. Bunun nasıl yapılacağını kimse öğretmemiştir onlara. Hatta sevgi göstermek ayıp karşılanır. Bizim köydeçocuklar büyüklerin yanında sevilmez, onlarla konuşulmaz bile. Gelinler kayınbabalarıyla, kaynanalarıyla hatta kocalarının erkek kardeşleriyle sesli olarak konuşmazlar. Onlar **"gelinlik"** yaparlar. Kendilerine bir şey sorulduğunda ya başlarını öne-arkaya sallayarak (Evet-Hayır anlamında) ya da el-kol işaretleriyle cevap vermeye çalışırlar. Büyüklerinin yanında çocuklarını sevdiklerinde ise saygısız olarak değerlendirirler. İşte çocuklarına sevgi göstermeyen bu insanlar, sevgi göstermiyor diye senin babana kızdılar. Hâlbuki köyümüzün erkeklerinin (babalarının) bir kısmı da zamanlarının çoğunu kahvede ya oyun oynayarak ya da oynayanları seyrederek geçirirler.

Birçok yerde olduğu gibi bizim köyümüzde de çocuklar ya hastalanınca, ya başlarına bir kaza gelince ya da ölünce kıymetlenirler. Bir çocuk hastalandığında hiç kimse yanından ayrılmaz, annesiyle babası hariç. Evin büyükleri çocuğa en yakın yerde otururlar. Baba yer bulursa kapıya yakın bir yere oturur üzgün bir şekilde, anne ise çocuğunun hasta olarak yattığı odada oturamaz; zira gözyaşlarına hâkim olamaz. Bu yüzden başka bir odaya girip orada ağlar yavrusu için. Bizim çocuklar hastalandıklarında bile annelerinin kendileri için döktükleri gözyaşlarına hasrettirler ama çocuk ölürse hiç kimse dur diyemez artık o anneye. Ana yüreği bu, ne büyük dinler, ne de ayıp; yıldızlara ulaşır feryatları.

Ölen Birinin Arkasından Feryat Etmek, Ona Sağlığında Gösteremediği Sevgiyi Toptan Sunmaktır...

Ben, çocukları öldüğünde arkalarından feryat edip kendini yerden yere atan annelerin neden böyle yaptıklarını şimdi daha iyi anlıyorum. Evet, Pınar o feryatlar aslında yaşarken gösteremedikleri sevginin birikmiş olarak, toptan sunulmasıdır ama ölen çocuklar bunu duymuyor ki! Bu sadece küçükler için değil, büyükler için de böyle değil midir canım? Sağlığında yüz vermediğimiz, hâlini hatırını sormadığımız, pek önemsemediğimiz bir yakınımızı kaybettiğimizde nasıl da ağlayıp feryat ederiz?

Sadece siz değil, sizin gibi birçok çocuğumuz babaları kahvedeki oyununu bırakamadığı için onların yolunu bekliyor. Akşam babasını görmeden uyuyan, sabah uyandığında ise babası çıktığı için onu göremeyen çok sayıda çocuk var ülkemizde ve dünyanın birçok yerinde.

Bizim köyde yanlış olan örf ve âdetlere pek bağlı kalmayan Cemil adında bir adam vardı. Başkaları tarafından ayıplanmaya göğüs gererek çocuklarına şefkat gösterirdi. Aslında onu kınayanlar, için için onun bu hareketini takdir eder, kendileri de onun gibi olmak ister ama bunu başaramazlardı.

Cemil bir başka köye veya şehre gittiğinde geri dönerken çocuklarına hediyeler alır, onları sevindirirdi. Evine asla eli boş dönmezdi. Babaları kendilerine baskı yapıp onları sindirmediği için çocuklar çok rahat hareket ederlerdi. Serbestlikleri ve doğallıklarıyla evlerine gelen hemen hemen herkesin sempatisini kazanırlardı. Başkaları hem kendi çocuklarına ilgi göstermez, hem de onların Cemil'in çocukları gibi olmasını isterlerdi. Cemil'in çocukları köyümüzdeki birçok evde diğer çocuklara örnek olarak gösterilirdi.

Bir de Cemil herhangi bir yere giderken çocuklarını da yanında götürürdü. Onlara çocukları değil de arkadaşlarıymış gibi davranır, gördükleri yerler hakkında onlarla sohbet ederdi.

Bizim köyde bazı çocuklar, babaları bir yere giderken kendilerini de götürsünler diye köyün dışına kadar arabaların arkasından koşarlar biliyor musun Pınar? Toz toprak içinde kalırlar, arabaya yetişmekten umutlarını kesince yolun kenarına oturup ağlarlar. Sonra çaresiz ve üzgün bir şekilde evlerine geri dönerler. Babaları kendilerini götürmemek için arabadan indirdiğinde "Ama Cemil Amca çocuklarını her yere götürüyor, siz niye beni götürmüyorsunuz?" diye Cemil'i kendi babalarına örnek gösterirlerdi.

Geçen yıl Cemil, çocuklarını da yanına alıp komşu köye gelin almaya giden bir düğün alayına katıldı. Gelin alındıktan sonra Cemil, çocuklarını göremeyince telaşlandı. Ona çocukların açık kamyonla köye döndüğünü söylediler. Huzursuz oldu. Kamyona yetişmek için arabasını hızlı sürerken trafik kazası geçirdi ve o kazada öldü.

Biz Cemil'i mezara götürürken çocukları "O bizim babamız değil arkadaşımızdı." diye ağlıyorlardı.

Onlar, babalarının şehirden gelirken kendilerine getireceği hediyelere bir an önce kavuşmak için köy meydanında otobüsü beklerlerdi. Şimdi de bekliyorlar ama babaları gelmiyor.

Hiçbir zaman da gelmeyecek.

Cemil Bir Daha Dönmeyecek Ama Sizin Babanız Dönecek...

Ama sizin babanız gelecek Pınar, gelecek. Şundan eminim ki sizin babanız sizi seviyor, hem de çok seviyor. Hangi baba çocuğunu sevmez ki?

Ancak birçoğumuzun babası gibi senin baban da içindeki sevgiyi göstermeyi bilmiyor. Ona sevgiyi göstermesi değil, bastırması öğretildi. Belki senin deden de babanla konuşmamış ve ona sevgisini göstermemiştir. Sizi çok sevdiği hâlde sevgisini gösteremeyince belki de kendisini suçlu hissediyor ve bundan kurtulmak için kendisini kahveye atıyor ve oyun oynayarak suçluluğunu unutmak istiyordu. Bunu bilmiyorum, sadece tahmin ediyorum.

Adana'ya döndüğümüzde sizi ziyaret edeceğim, ailenle görüşeceğim. Elbette ki gelip ailenden hesap soracak, babana öğüt verecek değilim. Ancak onlarla sohbet ederek aile-çocuk ilişkisi konusunda yardımcı olmaya çalışacağım. Sen gönlünü rahat tut canım, oldu mu?

Babandan nefret etme lütfen. Dedim ya seviyorlar ama sevgilerini nasıl göstereceklerini bilmiyorlar. Eğer bilselerdi böyle uzak dururlar mıydı?

Bak göreceksin bir müddet sonra sizler de sokağınızdan geçerken kıskandığınız çocuklar gibi anne ve babanızla el ele tutuşup gezmeye çıkacaksınız.

Şimdilik bu kadar canım. Sanırım oldukça uzattım. Cemil'in çocukları babalarını bekliyorlar ama o bir daha geri dönmeyecek. Sizler de pencerenizin önünde babanızı bekliyorsunuz. Sizin babanız dönecek canım. Hem de yüreğindeki sevgiyi yüzünde gülücüklerle, gözlerinde ışıltılarla size göstererek dönecek.

Siziseviyorum.

Öğretmenin Alişan

BU MEKTUP ELİNİZE GEÇTİĞİNDE
BEN KÖYE DÖNMÜŞ OLACAĞIM.
OKULU BIRAKIYORUM, ARTIK DEVAM
ETMEYECEĞİM. BUNDAN SONRA KÖYDE
ÇİFTÇİLİK YAPARAK, IRGATLIK YAPARAK
YAŞAMIMI SÜRDÜRMEYE ÇALIŞACAĞIM.
BAŞKA NE YAPAYIM HOCAM, KISMET
DEĞİLMİŞ. ANCAK ÖBÜR DÜNYADA
BAZILARININ YAKASINA YAPIŞIP HESAP
SORACAĞIM. VE DİYECEĞİM Kİ "BENİM
SUÇUM NEYDİ?"

SEDAT'IN MEKTUBU

Yuvasından Düşen Yavru Kuş Gibiyim...

Sevgili Hocam,

Size önce kendimden söz etmek istiyorum. Sonra da okul hayatımı bitiren sorunumu yazacağım.

Ortaokul ikiye giderken babamı kaybettim. Beş kardeşin en küçüğüyüm. Babamın en büyük ideali bizleri okutmaktı. İki abim üniversite mezunu, üçüncü abim liseyi bitirdi. Ablam **"Kız kısmının okulda ne işi var, okuyup da ne olacak, eloğluna gidecek değil mi?"** gibi geleneksel anlayışların etkisinde kalınarak okutulmadı.

Ortaokulu köyde bitirdim. Babam ölünce kendimi yuvasından düşmüş ve uçmayı bilmeyen yavru kuşlar gibi hissettim. Babam ölmeden önce evimizin sevgili kuzusuydum, herkes üzerime titrerdi. Okumayı, abilerim gibi üniversiteye gitmeyi çok istiyor ve bu nedenle derslerime çok iyi çalışıyordum.

Babamın hiç beklenmedik ölümü dünyamızı kararttı. Benim için artık okumanın bir anlamı kalmamıştı. Nasıl olsa okumamı bekleyen bir babam yoktu. Üstelik gittiğim her yerde babasızlığın acısını yaşayacaktım. Bu duygularla okuldan ve derslerden soğudum. Kendimi çok yalnız ve güçsüz hissediyordum. Zor şartlar altında ortaokuldan mezun oldum.

İşte benim sorunum da o anda başladı. Liseye yazılmam gerekiyordu. Ne yapacağımı bilmiyordum. Köyde annemle ablam vardı. Yoksulduk. Şehre göçüp ev tutacak paramız yoktu. Çevremizdeki insanlar lise işini problem etmemem gerektiğini, ağabeylerimin yanında kalarak okuyabileceğimi söylüyorlardı.

Abilerimin ikisi de evli. Biri öğretmen. Okulunda öğrencileriyle ilgilenip onlara yardımcı olmaya, dertlerine derman bulmaya çalışan bir öğretmen. Diğer abim de bir devlet dairesinde çalışıyor.

Annem Bir Zamanlar Gelin Olduğunu Unutuyor, Yengelerim de Bir Süre Sonra Kaynana Olacaklarını Düşünmüyorlar...

Sizin de bildiğiniz gibi toplumumuzda birçok evde gelin kaynana tartışmaları yapılır. Bu tartışmalar bizim evde de olur. Neden bilmiyorum ama annemle yengelerim birbirlerini hiç sevmiyorlar. Ayrı evlerde hatta ayrı şehirlerde yaşadıkları, sadece tatillerde, bayramlarda bir araya geldikleri hâlde yine de anlaşamaz, hep tartışırlar.

Annemin tahsili yok, köyde geleneklerin belirlediği kurallar içinde yetişmiş ve bunların arasında boğulup kalmış. Onun önem verdiği şeyler; toplumun ne diyeceği, el âlemin ne düşüneceği ve büyüklerin söylediği sözlerdir. Geçmişte ne görmüşse onu yaşamaya çalışır. Annem kendi dünyasına göre elinden geldiği kadar sevgisini göstermeye ve yengelerimi memnun etmeye çalışır.

Yengelerimin de tahsili yok, ilkokuldan sonra okumamışlar. Şehirde yetişmişler ama kendi aile kültürlerinin dışına pek çıkamamışlar.

İşte bunun sonucu evimizde sürekli kavga vardır. Bu kavgaların en başta gelen nedeni annemle yengelerim arasında iyi bir iletişimin olmamasıdır. Annem çok istemesine rağmen gelinleri onunla hiç konuşmazlar. Bu da annemin çok zoruna gider.

Annem bir zamanlar gelin olduğunu ve kaynana kahrı çektiğini unutuyor. Yengelerim de bir süre sonra kaynana olacaklarını düşünmüyor yani her iki taraf sadece kendini düşünüyor. Annem, babamın yokluğuna dayanamıyor. Bir de gelinlerinden beklediği ilgiyi göremeyince iyice sıkılıyor. Bazen bunalıma girdiği bile oluyor. İyice dolunca derdini komşulara anlatıyor. Bu da bazı dedikoduculara fırsat veriyor. Yengelerim de annemin bu davranışına kızıyorlar. Böylece araları iyiden iyiye açılıyor.

Nedense annemle yengelerim oturup karşılıklı konuşmuyor, birbirleriyle diyalog kurmuyorlar. Birbirleri hakkındaki düşüncelerini genellikle dedikoducuların getirdiği laflardan öğreniyorlar. Bu da onların kinlerini artırıyor ve aralarına kalın duvarlar örülmesine neden oluyor.

Bu durumun cezasını en çok abilerim çekiyor. Annemle yengelerim arasında bir kıskançlık var. Abilerimi yengelerim kendi tarafına çekmek istiyorlar, annem de kendi tarafına çekmek istiyor. Zavallı abilerim de ortada kalıyor. Annem abilerimi yalnız yakaladığında hemen gelinleri hakkında konuşur: "Oğlum neden benimle konuşmuyorlar, neden aramıza karışmayıp uzak duruyorlar? Neden bana yüzleri gülmez?" diye sorup durur. Akşam olduğu zaman da yengelerim annem hakkında konuşup dururlarmış. Geçenlerde büyük abim dayanamayıp "Yeter be yeter artık! Nedir bu çektiğim Allah aşkına? Şurada iki gün tatile geliyoruz, zehir ediyorsunuz. Akşama kadar biriniz, sabaha kadar öbürünüz. Bıktım artık, sizi dinlemek istemiyorum. Söyleyecek bir şeyiniz varsa bana değil birbirinize söyleyin!" diye isyan etti.

Abilerimi bir tanısanız onların ne kadar anlayışlı insanlar olduğunu görürsünüz. Hep gülerler. Dünyaya kavga etmek, huzursuz ve mutsuz olmak için gelmediklerini biliyorlar ama annemle yengelerimin yaptıkları karşısında çaresiz kalıyorlar. Bu olayda en büyük huzursuzluğu onlar yaşıyor. Bir bakıma çapraz ateşe tutulsalar da ama onlar ne annemi, ne de yengelerimi kırmak istediklerinden hep arada kalıyorlar.

Onların Evinde Bir Sığıntı Gibi Yaşadım...

Biliyorum hocam, mektubumu uzattım. Ama ne yapayım içim dopdolu. Bunları hiç kimseye anlatmamıştım. Okulumuzda çıkardığımız **"Sevgi Kervanı"** dergisinin mektup köşesine yazılan sorulara önerdiğiniz cevaplarda kendimi bulduğum için size yazıyorum. Sizin de babanız yok. Siz babasızlığın ne demek olduğunu bilirsiniz. Küçük yaşıma rağmen bakacak kimsem olmadığı için ortada kalmanın acısını yaşadım. Başkasının evinde bir sığıntı gibi kalmanın, orada bir fazlalıkmış gibi görülmenin ne demek olduğunu anlarsınız diye bunları size yazıyorum.

Annemle yengelerim arasındaki anlaşmazlığın sorumlusu sanki benmişim gibi yengelerim bana düşman oldular. Abilerim beni okutmak istedikleri hâlde yengelerim razı olmadılar. Kendi işlerinin başlarından aşkın olduğunu bu yüzden bana bakamayacaklarını söylediler. Anneme olan kinlerini benim üzerime kustular, güçlerini beni ezmek için kullandılar.

Gençlik nedir, gençliği yaşamak nedir? Ben bunları hiç bilmedim, hiç yaşamadım. Her şey belirsizdi benim için. Güvenle tutunacağım bir dalım yoktu. Geceleri yatağıma uzandığımda "Allah'ım ben onlara ne yaptım, benden ne istiyorlar, benim suçum neydi ki bana düşmanlık gösteriyorlar?" diye için için ağlardım.

Lise birinci sınıfta ikinci abimin yanında kaldım. Yengem onlarda kalmamam için çok direndi. Hatta abime "Ya ben, ya o!" dedi. Abim de kızıp "Sedat burada kalacak, istersen gidebilirsin!" dedi. Yengem gitmedi, gidemedi. Onlarda kaldığım bir yıl boyunca benimle hiç konuşmadı. Adımı bir kerecik ağzına almadı. Çok zorda kalmadığı sürece benim bulunduğum odada oturmadı. Bana iş buyuracağında "Şişşt, len git ekmek getir, şu çöpü dök de gel" diye seslenirdi.

Tatillerin gelmesini çok isterdim. Köye döndüğüm tatil günleri bana kurtuluş gibi gelirdi. Tatiller sona ererken kendimi hapishaneye dönmek zorunda olan bir mahkûm gibi hissederdim.

Lise ikinci sınıfa geçtiğimde yengem bana kesinlikle bakmayacağını söyledi. Zaten ben de onlarda kalmak istemiyordum çünkü hem ben çok sıkılıyordum, hem de abim zor günler yaşıyordu. Büyük abimin yanına gittim. Onun karısı bana biraz daha yakın davranırdı. Onlara gittiğim sıralarda bir problemden dolayı abimle yengemin arası açıkmış. Yengem bana kesinlikle bakmayacağını söyledi. Benim yüzümden dirlikleri daha da bozulacaktı. Bir hafta okula devam ettim. Durumumu bilen bazı arkadaşlarım bana "Eğer istersen benimle kalabilirsin." dediler. Çok duygulandım çünkü yengelerim bana bakmamak için ellerinden geleni yaparlarken yabancı dediğimiz insanlar bana sahip çıkmışlardı.

Abim çok çaresizdi. Başkalarının çocuklarıyla ilgilenirken, onların okuması için elinden geleni yaparken, kendi kardeşi için hiçbir şey yapamamanın acısıyla kıvranıyordu. Bu arada yengem hastalandı.

O Yıl Okulu Bırakıp Köye Dönmek Zorunda Kaldım...

O yıl okula devam edemedim, bırakıp köye gittim. Böylece bir yıl kaybetmiş oldum. Sonraki yıl abim bu duruma üzüldüğü için tekrar yanına aldı. Cehennemde yaşıyormuş gibi geçirdiğim bir yıl daha geçti.

Yengelerimin her ikisi de beni evlerine almamak için yaz tatilinden itibaren bana bakmayacaklarını söylediler. Annem bu duruma çok üzülüyordu, bana bakıp bakıp ağlıyordu. Bir gün abilerimle otururken "Oğlum mademki sizler Sedat'a bakmayacaksınız babandan kalan tarlayı satıp ev tutalım, şehirde oturup çocuğu okutalım." dedi. Bu söz abilerimin çok zoruna gitti. "Hele bir okul açılsın, çaresine bakarız." dediler.

Şimdi lise son sınıftayım hocam. Artık dayanma gücüm kalmadı. Korkuyorum, titriyorum. Sürekli olarak itilip kakılmaktan, horlanıp dışlanmaktan ve insan yerine konulmamaktan bıktım. Dayanamıyorum, ne yapacağımı, nereye gideceğimi bilmiyorum.

Bugüne kadar birkaç arkadaşımın yanında kaldım. Yurtta kalacaktım ama pahalı olduğu için kalamıyorum. Abilerim yurt parasını vermeye kalktıklarında yengelerim buna karşı çıkıp huzursuzluk çıkartıyorlarmış. "Bizim paramız kendi ihtiyacımızı karşılamaya yetmiyor, bir de ona veremeyiz" diyorlarmış.

Bu mektup elinize geçtiğinde ben köye dönmüş olacağım. Okulu bırakıyorum, artık devam etmeyeceğim. Bundan sonra köyde çiftçilik yaparak, ırgatlık yaparak yaşamımı sürdürmeye çalışacağım. Başka ne yapayım hocam, kısmet değilmiş. Ancak öbür dünyada bazılarının yakasına yapışıp hesap soracağım. Ve diyeceğim ki **"BENİM SUÇUM NEYDİ?"**

Bugüne kadar derginizin Mektup Köşesine gelen mektuplardaki sorunların çoğunu çözdünüz ama benim sorunumu çözeceğinizi zannetmiyorum. Benim abilerim, yengelerim benim için bir şey yapmadıktan, sorunumu çözmedikten sonra siz ne yapabilirsiniz ki hocam? Ama ben yine de size yazınca rahatladım. Kendimi şu anda az da olsa anlatabildiğim, sizin de beni anlayacağınızı bildiğim için mutlu hissediyorum. Mektubumu okuduğunuz için çok teşekkür ediyorum. Sizi, okulumu ve arkadaşlarımı çok özleyeceğim. Mektubumun cevabını köye bekleyeceğim.

Yetim bir öğrenciniz...

Sedat

GELENEKLERİN KISKACI ALTINDA YETİŞMİŞ İNSANLAR, BAŞKALARININ FARKLI DAVRANIŞLARINI GÖRDÜKLERİNDE HAZMEDEMİYORLAR. HATTA ANLAMADA BİLE GÜÇLÜK ÇEKİYORLAR ÇÜNKÜ ONLAR BÜYÜKLERİNDEN GÖRDÜKLERİ DAVRANIŞLARI AYNEN SÜRDÜRMEYE ALIŞMIŞLAR. EN DOĞRU DAVRANIŞIN, KENDİLERİNE YAPILAN DAVRANIŞ OLDUĞUNU, DOLAYISIYLA KENDİLERİNDEN SONRA GELENLERE DE AYNI DAVRANIŞIN GÖSTERİLMESİ GEREKTİĞİNİ DÜŞÜNÜYORLAR.

SEN, OKUMAYI BIRAKIP KAÇAN BİR APTAL GİBİ OLAMAZSIN!..

Sedat, Sevgili Arkadaşım,

En samimi duygularımla seni kucaklayarak gözlerinden öpüyorum.

Derdini tüm içtenliğinle yazdığın mektubunu yüreğim sızlayarak, içim yanarak okudum. Tüylerim diken diken oldu. Bazı yerlerde gözyaşlarıma hâkim olamadım. Mektubunu, kendimi senin yerine koyarak, seni anlamaya çalışarak okudum. Senin duygularını hissetmeye, sorunlarını paylaşmaya ve korkularını yaşamaya çalıştım.

Abilerini ve yengelerini anlamakta güçlük çektim. Sana neden böyle davrandıklarını, niçin sana iyilik yapmaktan kaçındıklarını düşündüm. Ne yalan söyleyeyim onlara çok kızdım. Eğer burada olsalardı herhâlde kendilerine oldukça sert çıkışırdım. Yani şimdiki psikolojik durumumla öyle yapardım.

Tabii ki sorunların çözümünde böyle sert çıkışların faydası olmaz. Böyle bir tavır insanı savunmaya, kendini haklı gösterme çabasına iter. Oysa sorunlar kızarak, bağırıp çağırarak ya da sorun yokmuş gibi davranıp onları görmezlikten gelmeye çalışarak çözülmez.

Şimdi Sedat, mektubunu okuyunca kime ne diyeceğimi de bilemedim. Sorunlar karşısında çaresiz kalan sana mı, abilerine mi, yengelerine mi, annene mi; yoksa senin gibi öğrencilerin sorunlarından habersiz olan biz öğretmenlere mi bir şeyler yazacağım bilmiyorum.

Her mektubumda yaptığım gibi seni de masama davet ediyorum. Seninle birlikte, hakkında konuşacağımız konuların altını çiziyorum. Sonra da sohbet etmeye başlıyoruz, anlaştık mı?

Eee hadi öyleyse başlayalım:

"Yuvasından düşen yavru kuş gibiyim." diyerek başlamışsın mektubuna. Ben köyde doğup büyüdüm. Köyümüze kışın kar yağdığında kuşlar yiyecek bulamazlardı. Açlıktan ölmemek için ağıllarımıza gelir, koyunlara verdiğimiz yemlerden yerler, sonra da tavandaki ağaçların arasına tüneyip geceyi orada geçirirlerdi.

Bazıları da tavandaki kirişin üzerine yuva yapardı. İlkbaharda bu yavrular da yumurtlardı. Ben ve kardeşim, her gün kirişe merdiven dayayıp tavana çıkar ve kuşların yumurtalarını sayardık. Kuşlarla ilgilenmek çok hoşumuza giderdi.

Kuş yavruları yumurtadan çıktığında, anneleri onlara solucan, böcek gibi yiyecekler getirirdi. Yavru kuşlar öyle heyecanlanırdı ki anneleri geldiğinde ona "Ne olursun o yiyeceği bana ver, en çok ben acıktım." diye yalvarırcasına bağırırlardı. Anne kuş yavrularını sırasıyla doyururdu.

Kuş Yavruları Bazen Yuvalarından Düşerlerdi...

Yavrular biraz daha büyüdüklerinde yuvanın içinde hareket edip dururlardı. Bazen de kenara gelip üç metrelik yükseklikten yere bakarlardı. Dengesini kaybedip düşenler de olurdu. Biz düşen o yavruyu alıp tekrar yuvasına koyardık, sonra o yavru yine düşerdi.

Bizim düştüğünü görmediğimiz bazı yavrular, düştükten sonra koyunların ayaklarının altında ezilirdi, bazen de kedimize yem olurlardı. Daha uçmayı bilmedikleri için kaçamazlardı kediden. Sabahları ağıla gittiğimizde kedinin yediği yavrudan arta kalan birkaç tüyü ya da koyunların ezdiği bir yavrunun cansız vücudunu gördüğümüzde ağlaşırdık kardeşimle. Ne yapacağını, ne yöne gideceğini bilmediği için kaçıp köşeye büzülmüş, korkudan tir tir titreyen bir yavru gördüğümüzde ise ne çok sevinirdik.

İşte Sedat, mektubunu okuyunca çocukluğumda çok sevdiğim o minik yavru kuşlar geldi aklıma. O yavruları düşündükçe de senin durumun canlandı gözlerimin önünde.

Baban ölünce sen de bir yavru kuş gibi ortada kalakalmışsın. Çaresizce oradan oraya koşup durmuşsun. Yengelerin seni yuvana koyacaklarına ezmeye çalışmışlar. Abilerin seni yuvana koymak istemişler ama boyları yetmemiş. Yengelerin merdiven olmamış, destek olmamış onlara. Annense zaten kötürüm gibi yerinden kıpırdayamıyor ki sana yararı olsun.

Şimdi sen ortalıkta gezenlerin ayaklarının altında ezilmemek için kendince emin gördüğün köyüne dönmüşsün, ne olacağını bilmeden bir köşede bekliyorsun. Biliyor musun Sedat, kediler gelip seni orada parçalayabilirler...

"Ablam 'Kız kısmının okulda ne işi var, okuyup da ne olacak, eloğluna gelin gidecek değil mi?' gibi geleneksel anlayışın etkisinde kalınarak okutulmadı." demişsin mektubunda.

Canım benim, ne kadar da üzüldüm ablan için. Toplumumuzda kızlar, kendi kişiliklerini ve kimliklerini özgürce yaşamak yerine, kocalarının ihtiyaçlarını en iyi şekilde karşılamak amacıyla yetiştiriliyorlar. Bir kadın, erkeğin ihtiyaçlarını karşıladığı oranda iyi görülebiliyor. Aileler de kızlarından kendilerine bir yarar gelmeyeceğini düşündüklerinden onlardan elini eteğini çekiyor, onu eğitmeyi gereksiz görüyorlar. Bu da kızların cahil kalmasına neden oluyor.

Bu durumun sadece Doğu ve Güneydoğu Anadolu'da olduğu söylenir bir de. Hâlbuki ülkemizin kırsal alanlarının hemen hemen tamamında bu anlayış hâlâ devam ediyor. Ne üzücü, ne utanç verici bir durum değil mi?

Toplumumuzda gelin kaynana tartışmalarını yaşanmadığı ev var mıdır, bilmiyorum. (Gelin ya da kaynananın bulunmadığı evler bunun dışında tabii ki.) Gelinler, kaynanalığı miras olarak devralıp sürdürüyorlar. Hâlbuki kendileri gelinken bu durumdan oldukça şikâyetçi oluyorlar. Kaynana olduktan sonra da bunun acısını çok feci bir şekilde çıkartıyorlar kendilerinden sonraki gelinlerden.

Geleneklerin kıskacı altında yetişmiş insanlar, başkalarının farklı davranışlarını gördüklerinde hazmedemiyorlar. Hatta anlamada bile güçlük çekiyorlar çünkü onlar büyüklerinden gördükleri davranışları aynen sürdürmeye alışmışlar. En doğru davranışın, kendilerine yapılan davranış olduğunu, dolayısıyla kendilerinden sonra gelenlere de aynı davranışın gösterilmesi gerektiğini düşünüyorlar.

Ben köye gittiğimde annem öncelikle mideme yönelik işler yapar; kuzu, tavuk keser, yoğurt çalar, erişte pişirir, tatlı, haşhaşlı ekmek yapar, vs... Ya da çorap örer, kazak örer, eldiven örer. Bir yandan midemi doyurmaya, diğer yandan da vücudumu korumaya çalışır ama canım annem kalbimi ve ruhumu doyuracak şeyler yapmayı hiç düşünmez; düşünemez çünkü o, annesinden öyle görmüştür. Ben bazen **"Anne yaa! Neden bizi sevip okşamazsın ki?"** diye takılırım anneme. O da bana **"E oğlum, biz sevgimizi içimizde**

saklarız. Öyle görmüşüz, ne yapalım, bu yaştan sonra kalkıp bir de sizleri mi okşayalım?" der.

Aynı annem, torunlarını kucağından düşürmez, sürekli olarak onları sever, okşar, öper. Onların zamanında torun sevmek normaldi çünkü.

Hem yengelerin, hem de annen karşı tarafı düşünmeden kendi doğrularını ortaya koyup bunda ısrar edince tartışma çıkıyor değil mi Sedat?

İletişimsizlik İnsanı Bunaltır, Hasta Eder...

İletişimsizlik insanı bunaltır, ruhunu karartır, hasta eder. Sınıflarda yaramazlık yaparak dikkat çekmeye çalışan öğrenciler, aslında öğretmenleriyle iletişim kurmak istiyorlar. Annen de yengelerinle iletişim kurmak istiyor. Yengelerin buna kapalı olunca annen de dedikodu yaparak onların dikkatini çekmeye çalışıyor. Demek ki annen "Gelinlerim konuşsunlar da nasıl konuşurlarsa konuşsunlar." diye düşünüyor. Bunu başaramayınca abilerin aracılığıyla diyalog kurmak istiyor. Bu da olmayınca tartışmalar, tatsızlıklar, kavgalar ve mutsuzluklar çıkıyor ortaya.

Bu durumun cezasını en çok da sen çekmek zorunda kalıyorsun değil mi?

Sevgi Kervanı'ndaki mektup köşesinin çok büyük bir ilgi toplamasının nedeni, herkesin orada kendisinden bir şeyler bulmasıdır. Okuyucular, oradaki mektupları ve cevapları okuyunca kendileriyle iletişime geçiyorlar her şeyden önce. Zaten kendisiyle iletişime geçen, kendini anlamaya çalışan kişi kendinin farkına varıyor; sonra da kendini ifade etmeye çalışıyor. Anlamak ve anlaşılmak insana mutluluk veriyor. Anlamamak ve anlaşılmamak ise hep sıkıntı, huzursuzluk, şüphe ve tedirginlik yaratıyor. Bunun sonucu da elbette ki mutsuzluk.

"Küçük yaşımda bakacak kimsem olmadığı için ortada kaldım. Başkasının evinde sığıntı gibi kalmanın, orada bir fazlalık gibi görülmenin ne demek olduğunu anlarsınız diye bunları size yazıyorum." demişsin mektubunda.

Bizim köyümüzde ortaokul olmadığı, ailemin de beni okutmaya gücü yetmediği için ben ortaokulu ilçede, teyzemin yanında okudum. O beni bir sığıntı gibi görmedi. Zaman zaman kendi çocuklarından bile üstün tuttu. Lisede kardeşimle beraber kaldık. Soğuk kış gecelerinde sobası yanmayan, yemeği olmayan bir evde iki erkek kardeş kalmak ne zordu o zamanlar...

Onlar hissettirmeseler de ben kendimi bazen sığıntı olarak, fazlalık olarak gördüm. Bu yüzden senin duygularını anladığımı sanıyorum. Yengelerin sana bakmamakla bencillik etmişler Sedat. Senin ne zorluğun olacak ki; kahvaltıda bir fazla bardak, yemekte bir fazla tabak, çamaşır ve ütüde bir fazla pantolon ve gömlek... Hepsi o kadar.

"Bencil İnsan, Her Zaman En Çok Sevdiği Kişiye, Yani Kendisine Zarar Verir..."

Bencillik sadece sahibine zarar verir. "Bencil insan, her zaman en çok sevdiği kişiye yani kendisine zarar verir." diye bir söz okumuştum. Ne kadar doğru değil mi?

"Yalnız kendisini düşünen insan, yumurtasını pişirmek için komşusunun evini yakar." Bu söz de çok güzel. Anlaşılan senin yengelerin de kendi rahatları için, sadece kendilerini düşündükleri için senin geleceğini yakmışlar. Daha doğrusu belki de farkında olmadan böyle bir sonuca neden olmuşlar.

Bizler gerek anlayışsızlıktan, gerek bencillikten, gerek gururdan, gerekse sevgisizlikten olsun bazen dertlere çare olmadığımız gibi o dertlere dert katar ve bu dünyada kalıcı olduğumuzu, bu dünyanın sadece bize ait olduğunu, bizden başka hiç kimsenin yaşama hakkı olmadığını sanırız. İçimizdeki duyguları bencilce tatmin etme uğruna nice mutsuzluklara, haksızlıklara ve çaresizliklere neden olup dururuz.

"Şimdi lise son sınıftayım hocam. Artık dayanma gücüm kalmadı. Korkuyorum, titriyorum. Sürekli olarak itilip kakılmaktan, horlanıp dışlanmaktan ve insan yerine konulmamaktan bıktım. Dayanamıyorum, ne yapacağımı, nereye gideceğimi bilmiyorum. Bu mektup elinize geçtiğinde ben köye gitmiş olacağım. Okulu bırakıyorum, artık devam edemeyeceğim." dediğin bu cümleleri okuyunca bir an çaresizlik içinde kıvrandım.

Sonra düşündüm: Sen nice zorluklara, sıkıntılara katlanarak lise son sınıfa kadar gelmişsin. Bundan sonra okulu bırakmayı düşünmen hatta bırakıp köye gitmen çok yanlış. Evet, çok zor koşullar içinde yaşıyorsun. Bunalmış, sıkılmışsın. Seni anlamaya çalışıyorum ama canım, tam okulu bitirmek üzereyken bırakıp gitmeni, senin gibi nice engelleri aşmış bir gence yakıştıramadım.

"Ümidini kaybeden insanın başka bir şeyi yoktur." Var mıdır sence? Tıpkı şimdi senin de kaybedecek bir şeyinin olmayışı gibi...

Haydi Sedat, lütfen dön ve okuluna devam et. Ya ev ortamına ya da yurt şartlarına sabrederek bitir okulunu. Biliyorum şartlar senin dışında gelişiyor. Ve senin elinden bir şey gelmiyor. Peki, canım sen, seni ilgilendiren olumsuz şartları olumluya çevirmek için uğraşmak zorunda değil misin? İradene, içindeki müthiş güce güven. Sen okulu son sınıfta bırakıp kaçacak kadar beceriksiz olamazsın!..

Kişiliğini geliştirmen ve kendini yaşaman her şeyden önce ekonomik bağımsızlığını kazanmana bağlı, bunu unutma Sedat! Şimdi sen yengenden ve onun evinden kurtulmak için okulu bırakıp gittin. Peki, şimdi gittiğin köyde o daracık çevrenin, anlamsız kuralların, akla mantığa uymayan geleneklerin ve de hiçbir zaman kurtulamayacağın yoksulluğun kölesi olmayacak mısın? Evet, olacaksın, hem de ömür boyu sürecek bir kölelik yaşayacaksın.

Bunu istediğinden emin misin?

Eğer görüşme imkânım olsaydı yengelerine şunları söylemek isterdim: Seven insan sevilir; sevgi bekleyen, sevgi konusunda bencil olan değil. İyilik yapan, iyilik bulur. Mutlu eden, başkalarının mutluluğu için çalışan mutlu olur; bencil olan değil.

Ne ekersen onu biçersin. Kin ve öfke ekersen düşmanlık ve mutsuzluk biçersin; sevgi ve iyilik ekersen huzur, mutluluk, dostluk biçersin.

Haydi canım, göreyim seni. Başaracağına, tekrar gelip okuluna devam edeceğine inanıyorum.

Gözlerinden öpüyorum.

Alişan

BEN HER ŞEYDEN ÖNCE
ÖĞRETMENLERİN BİZLERİ DİNLEMEDİĞİNİ
SÖYLEMEK İSTİYORUM. EVET, SİZ
ÖĞRETMENLER, ÖĞRENCİLERİNİZİ
DİNLEMEDEN YARGILIYORSUNUZ. BİR
HATAMIZI GÖRDÜĞÜNÜZDE NEDEN
BÖYLE DAVRANDIĞIMIZI SORMADAN,
HEMEN SUÇLUYORSUNUZ. BÖYLE
YAPARAK NE ELDE EDECEĞİNİZİ
DOĞRUSU MERAK EDİYORUM.

GAMZE'NİN MEKTUBU

Bizi Dinlemeden Yargılıyorsunuz...

Sevgili Öğretmenim,

Bir öğretmene ilk defa mektup yazıyorum. Nasıl başlayacağımı ve neler yazacağımı uzun süre düşündüm, sonunda yazmaya karar verdim. İşte şimdi de yazıyorum.

Bizim evin üst katında oturan Ayla adlı bir arkadaşım var. O size mektup yazmıştı. Siz de ona cevap yazmışsınız. Ayla çok içine kapanık birisidir fakat size oldukça rahat yazabiliyor. Sizin mektubunuzu alınca bu sefer çok daha uzun bir mektup yazdı size. O mektubu okudum. Sanki bir öğretmenine değil de arkadaşına yazmıştı. Bu çok hoşuma gittiği için ben de size yazmaya karar verdim.

Öğretmenim, beni hatırlayacak mısınız bilmiyorum. Bizim dersimize girmiyorsunuz. Nöbetçi olduğunuzda, birkaç kere sınıfımıza gelip bizimle sohbet etmiştiniz. Bir kere de ben bahçede çok üzgün duruyordum. Siz yanıma yaklaşıp "Bir derdin mi var canım, neden böyle üzgün duruyorsun?" demiştiniz. Ben de biraz sert bir şekilde "Hayır, hiçbir derdim yok!" demiştim ama siz bana kızmamıştınız. "Madem seni üzen bir şey yok, neden böyle susuz kalmış çiçekler gibi solgunsun öyleyse?" demiştiniz. Ben de koşarak uzaklaşmış, âdeta sizden kaçmıştım. Bu davranışımdan dolayı sonra utanmış ve bir daha da yanınıza gelememiştim. İşte öğretmenim, ben o gün yanınızdan hızla uzaklaşan öğrenciniz Gamze'yim. Şimdi hatırladınız mı beni?

Ayla'ya yazdığınız mektubun sonunda bir öğretmenden neler beklediğini, bir öğretmenin öğrencilerine karşı nasıl davranması gerektiğini sormuşsunuz. Bu soru bana çok ilginç geldi çünkü hiçbir öğretmen bize daha önce böyle bir soru sormamıştı. Herkes her şeyi kendisinin en doğru bildiğini zannedip öyle davrandı bugüne kadar.

Ben 19 Mayıs Ortaokulundan bu yıl mezun oldum, Liseye devam edeceğim. Belki sizinle bir daha görüşemeyeceğiz ama şunu biliyorum: Siz öğrencilerinize önem veriyor, onları dinliyorsunuz. Onların dertlerine ortak oluyor, birlikte problemlerine çözümler arıyorsunuz. Bunun için size çok teşekkür ederim. Ben de size bu konudaki düşüncelerimi yazmak istiyorum.

Ben her şeyden önce öğretmenlerin bizleri dinlemediğini söylemek istiyorum. Evet, siz öğretmenler, öğrencilerinizi dinlemeden yargılıyorsunuz. Bir hatamızı gördüğünüzde neden böyle davrandığımızı sormadan, hemen suçluyorsunuz. Böyle yaparak ne elde edeceğinizi doğrusu merak ediyorum.

Okulumuzda herkesin uyacağı kurallar vardır. İyi bir eğitimin yapılabilmesi, disiplinin sağlanabilmesi için tüm öğrencilerin bu kurallara uyması gerekiyor, tabii öğretmenlerin de. Biz bunun bilincindeyiz. Belki birkaç istisna olabilir ama öğrencilerin çoğu kurallara uyuyorlar, ben de elimden geldiği kadar uymaya çalışıyorum. Olağanüstü durumlarda uymayabiliyoruz doğal olarak.

Sizin bana "Neden üzgünsün?" diye sorduğunuz gün, okula geç kalmıştım. Geldiğimde herkes derslere girmişti, ortalıkta kimse yoktu. Ben koşarak sınıfıma giderken bir müdür yardımcımız beni durdurdu. Neden geç kaldığımı soracağını düşündüğüm için kafamda ona vereceğim cevabı hazırlıyordum. Ancak müdür yardımcımız bir şey sormadan bağırdı ve beni azarladı. Bu çok zoruma gitti. O gün derslerden hiçbir şey öğrenemedim, sürekli ağladım. Eğer müdür yardımcımız neden geç kaldığımı sorsaydı kendisine bunun sebebini şöyle anlatacaktım:

Giyecek Çorabım Olmadığı İçin Okula Geç Kaldım...

Öğretmenim biz altı kardeşiz. Babamın işi yok, çalışmıyor. Annem asgari ücretle çalışıyor ve babam dâhil hepimizin ihtiyaçlarını gidermek için uğraşıyor ancak annemin aldığı asgari ücret giderlerimizi karşılamaya yetmiyor. Ben ablamın eski elbiselerini giymek zorundayım, kardeşlerim de benim eskilerimi. Okulda giymemiz gereken kıyafet biçimine iyi-kötü uymaya çalışıyorum.

Geçenlerde okula gelirken giymek zorunda olduğum gri çorabım delindi. Birkaç gün idare ettim. O gün ise giyilemeyecek bir durumdaydı. Babamdan para isteyemezdim, çünkü o da annemden alıyordu. Annemden istedim "Yok!.." dedi. "Bugünlük benim çoraplarımı giy." diye de ekledi. Ne yapacağımı şaşırmıştım. Okula değişik renkteki bir çorapla gelmek istemiyordum, çaresizdim hocam.

Ablamdan çorabını ödünç vermesini istedim ama ablam sinirlenip vermedi, üstelik bir de bana bağırdı. Ablamın öbür odaya gitmesini bekledim. O gidince de habersizce onun çorabını aldım. Yani açıkçası hocam, okula gelebilmek için ablamın çorabını çaldım, çalmak zorunda kaldım. Evden çıkıp okul bahçesinin köşesine kadar koştum, orada durup ablamın çorabını giydim. İşte bu yüzden geç kaldım. Özür dilerim.

Bunları anlatacaktım eğer müdür yardımcımız neden geç kaldığımı sorsaydı. Ama o sormadı ve direkt azarladı.

Ben bir öğrenci olarak öğretmenimin beni yargılamadan, suçlamadan önce dinlemesini istiyorum. Neden sormuyorsunuz öğretmenim? Annemizin hasta olabileceği, babamızın bir kaza geçirebileceği, yoksul olduğumuz için okula gelmeden veya öğleden sonra çalışmak zorunda kalabileceğimiz, kardeşlerimize bakmak zorunda olabileceğimiz hiç aklınıza gelmiyor mu? Yoksa geliyor da siz işin kolayına mı kaçıyorsunuz? Bir öğrenciye bağırmadan, onu suçlamadan önce onunla bir-iki dakika konuşmak çok mu zor öğretmenim?

Gerçi idarecilere de hak veriyorum, 3500–4000 öğrencinin hangi biriyle konuşacaklar? Hepimizi tanımaları pek de kolay değil.

Öğretmenlerimin şuna inanmalarını bekliyorum: Biz sebepsiz yere hiçbir zaman disiplinsizliğe yol açacak davranışlarda bulunmuyoruz. Bize güvenin lütfen. Elbette gösterilen tüm çabalara rağmen kötü davranışlarda bulunacak birkaç öğrenci çıkacaktır. Onların yüzünden de tüm öğrencileri suçlamayın ne olur. Haksız yere suçlanmak çok zoruma gidiyor.

Hangi Liseye Gideceğimi Bilmiyorum...

Size bir konuda danışmak istiyorum. Şimdi ortaokul mezunuyum ancak hangi liseye gideceğimi bilmiyorum. Bazı arkadaşlarım meslek lisesine gidecekler. Düz liseye gidenler de var. Ben hangisine gideceğimi bilmiyorum. Gelecek benim için çok karanlık, rotası belli olmayan bir gemi gibiyim. Üniversiteye kadar okumak istiyorum. Ancak ailemin maddi durumu da pekiyi değil. Babam "Kızım ticaret lisesine git. Bitirince iş bulman daha kolay olur." diyor. Bu konuda bana yardımcı olur musunuz?

Umarım öğretmenler hakkında yazdıklarım zorunuza gitmemiştir. Yalnız bu yazdıklarımın sizinle bir hiçbir ilgisi yok. Çünkü siz dersimize girmeseniz de ben sizi arkadaşların anlattığı ve mektuplarınızdan edindiğimiz bilgiler doğrultusunda rahatlıkla yakından tanıyorum diyebilirim.

Mektubumu burada bitiriyorum. Bu size ilk mektubum olmasına rağmen epeyce uzun yazdım. Siz de bana yazabildiğiniz kadar uzun yazın lütfen. Bir de sizden bir şey daha istiyorum. Ayla'nın mektubunun ilk sayfasındaki paragrafların ilk harfleriyle A-Y-L-A yazmışsınız. Çok hoşuma gitti. Bana yazacağınız mektupta da GAMZE yazar mısınız?

Gözüm postacıda, mektubunuzu bekliyorum.

Saygılarımı sunuyorum öğretmenim.

Gamze

NE GARİP! BİZİ GELİŞTİRECEKLERİNİ SÖYLEYEN İNSANLAR, KENDİ GELİŞİMLERİNİ DURDURMUŞLARDI. KENDİNİ YENİLEMEYEN, YENİ BİLGİLERLE BESLENMEYEN BİR ÖĞRETMEN, ÖĞRENCİLERİNİ NE DERECE GELİŞTİRİP GELECEĞE HAZIRLAYABİLİR Kİ?

KENDİSİNİ GELİŞTİRMEYEN ÖĞRETMEN ÖĞRENCİLERİNİ NASIL GELİŞTİREBİLECEK?

Gamze, Merhaba Sevgili Arkadaşım,

Adana'nın sıcağından daha sıcak sevgilerimi sunarak başlıyorum. Sanki mektup değil de 19 Mayıs Ortaokulu geldi evimize. Bir aydan beri uzak kaldığım okulumu, siz canım öğrencilerimi ne kadar da özlemişim meğer.

Mektubunu okumadan önce adını zarfın üzerinde gördüğümde seni tanımadım. Mektubunda üzgün olduğun o günkü olayı anlatınca hatırladım seni. O gün yanımdan uzaklaşırken adını ve hangi sınıfta olduğunu bile bilmiyordum.

Zaten o günden sonra da seni bir daha görmedim. Demek sen yaptığından utandığın için yanıma gelmedin. İyi de sen utanılacak ne yaptın ki? Morali bozuk ve üzgün olan bir öğrencinin, öğretmeninin sorduğu soruya cevap vermek istemediği için, onun yanından uzaklaşması utanılacak bir şey değil ki. Durup dururken böyle bir davranış sergilense belki tuhaf karşılanabilir lakin bir derdi olduğu her hâlinden anlaşılan bir öğrencinin böyle davranması gayet normaldir.

Eğitim; karşılıklı etkileşimdir Gamze. Bir tarafta eğitilenler vardır, yani sizler; diğer tarafta da eğitenler vardır, yani bizler. Aramızda bir iletişim varsa birbirimizi dinliyor ve anlıyorsak iyi bir eğitim gerçekleştirebiliriz. Ancak eğitimin etkileşim olduğunu unutup karşı tarafı hiçe sayarak sadece biz konuşuyorsak buna **"etkileme"** denir. Böyle bir çabanın sonucu hiç şüphesiz başarısızlıktır.

İşte ben, eğitilenleri eğitmekten çok, onlarla etkileşmek istiyorum. Benim kadar sizin de söz hakkınız olmalı. Belki bizden daha çok olmalı çünkü siz okula bizler için gelmiyorsunuz, bizler sizler için geliyoruz. Hem sizler için gelmek, hem de sizleri hiçe saymak; hem sizi eğitmek için uğraşmak, hem de sizi önemsememek. Bu anlayış bana pek doğru gelmiyor doğrusu.

Sizi eğitebilmemiz için gelişim özelliklerinizi iyi bilmemiz gerekiyor...

Size iyi bir eğitim verebilmemiz için sizi çok iyi tanımamız gerekiyor. Gelişim özelliklerinizi, hangi yaştaki duygusal gelişiminizin ne yönde olduğunu, neye ne zaman gereksinim duyduğunuzu çok iyi bilmemiz gerekiyor. Eğer bizler sizleri tanımıyorsak ne istediğinizi, neye ihtiyacınız olduğunu bilmiyorsak size vereceğimiz eğitim ne derece sağlıklı olabilir?

Biz lisede okurken, bazı öğretmenlerimiz bize şöyle derlerdi: "Biz okuduk, geliştik, öğretmen olduk. Sizi geliştirmek, yetiştirmek için buraya geldik. Biz ne dersek onu yapacaksınız."

Ne garip! Bizi geliştireceklerini söyleyen insanlar, kendi gelişimlerini durdurmuşlardı. Kendini yenilemeyen, yeni bilgilerle beslenmeyen bir öğretmen, öğrencilerini ne derece geliştirip geleceğe hazırlayabilir ki?

İşte ben, öğrencilerimle gelişmek istiyorum. Peygamberimiz, **"Beşikten mezara kadar ilim öğreniniz."** demiş, ama biz üniversiteden mezun olduktan sonra yeni bir şey öğrenmeye gerek duymuyor, gelişimimizi durduruyoruz. Bu çok yanlış.

Şimdi anlatabildim mi öğrencilerimin beklentilerinin, duygu ve düşüncelerinin neden bu kadar önemli olduğunu?

Başarılı bir eğitim için öğrencinin sadece beklenti, duygu ve düşüncelerini bilmek de yeterli değil. Onun aile yapısını, ekonomik durumunu, aile ilişkilerini de bilmek gerekiyor. Örneğin; seni azarlayan müdür yardımcımız, aile durumunu bilseydi hiç seni azarlar mıydı? Elbette ki azarlamazdı. Hatta seni sık sık çağırır, bir ihtiyacın olup olmadığını sorar ve neye ihtiyacın varsa onların karşılanması için uğraşırdı. O gün sana kızmak yerine bir çift çorap alırdı değil mi? Eğitilenler bilinmeyince, tanınmayınca böyle olumsuzluklar yaşanıyor işte.

Ayakkabısı delik olduğu için su alan, ayağı üşüyen, sızlayan; değiştirecek çorabı ya da gömleği olmayan bir öğrenci okula isteyerek gelir mi? Gelse bile kafası ve gönlü rahat bir şekilde ders dinleyebilir mi? Bak, sana bağırıldığı için o gün ders dinleyemediğini, hiçbirini anlayamadığını ve sürekli ağladığını söylüyorsun. Bir eğitimci olarak bunu bilmezsem sabahtan akşama kadar çok mükemmel dersler yapsam bile bunun öğrenciye ne yararı olur?

Rotası Belli Olmayan Bir Gemiye Hiçbir Rüzgâr Yardım Edemez...

Şimdi gelelim senin sorununa, hangi liseye gideceğin konusuna:

"Geleceğim çok karanlık!" diyorsun mektubunda. Doğru, belki şimdilik karanlık gibi görünüyor senin için ama canım şunu unutmamalısın ki geleceğinin karanlık veya aydınlık oluşu senin elindedir. Eğer sen geleceğin karanlık olacağını kabul eder ve onu aydınlatmak için hiçbir çaba göstermezsen geleceğin kapkaranlık olacaktır, orası kesin. Ancak bu karanlığı gidermek için uğraşırsan da aydınlık olma ihtimali her daim olacaktır.

Gece bir yerden evimize dönüp odamıza girdiğimizde onun karanlık olduğunu görürüz. Ne yaparız? Aaa burası karanlıkmış der ve oturup bekler miyiz? Elbette hayır. Ya ne yaparız? Elektrik düğmesini bulup ışığı yakar, basit bir hareketle odayı aydınlatıveririz.

Sen de şimdiden göstereceğin birazcık gayretle geleceğini aydınlatma gücüne sahipsin, bunu unutma canım. "Rotası belli olmayan bir gemi gibiyim." diyorsun. Şöyle bir söz okumuştum: **"Rotası belli olmayan bir gemiye hiçbir rüzgâr yardım edemez."** Bir gemi okyanusun ortasında ne kadar hızlı yol alırsa alsın eğer izleyeceği belli bir rotası yoksa hiçbir rüzgâr o gemiyi doğru limana götüremez.

İnsan da böyle değil midir Gamze? Eğer kişinin hedefi, gerçekleştirmek istediği idealine ait planı programı yoksa ona kim yardım edebilir ki?

Şimdi sen, yola çıkmak üzere olan bir gemi gibisin. Çıkarken izleyeceğin rotayı ve ulaşacağın limanı da önceden belirlemek istiyorsun. Yol şartlarını, ulaşacağın limanın özelliklerini araştırıyorsun. Çok isabetli hareket ediyorsun Gamze, tebrik ediyorum.

Her şeyden önce şuna karar vermelisin diye düşünüyorum: Üniversiteyi mi kazanmak istiyorsun? Yoksa liseden sonra kısa yoldan iş hayatına atılıp çalışmak mı istiyorsun? Ya da okula gitmeyip çeyizini hazırlayarak kısmetini mi beklemek istiyorsun? Bunlardan hangisi sence önemli ve öncelikli? Veya bunlardan başka bir seçeneğin de olabilir.

Eğer liseyi bitirdikten sonra üniversite sınavlarına girip idealin olan bir fakülteyi kazanmak istiyorsan düz liseye gitmeni öneriyorum. Neden mi? Çünkü liselerimizde üniversite sınavlarında sorulan konular yoğun olarak veriliyor. Seçtiğin alana göre, ihtiyacın olan bütün dersleri görebiliyorsun. Lisedeki dersleri, programlı ve düzenli bir şekilde takip edersen istediğin fakülteyi rahatlıkla kazanabilirsin.

Ancak herhangi bir beceri kazandırılmadığı ve meslek öğretilmediği için liseden mezun olduktan sonra herhangi bir iş bulma imkânın pek yok. Düz liselerde herhangi bir mesleğe yönelik ders verilmiyor. Bu yüzden eğer düz liseye gitmeye karar vermişsen yapacağın tek şey var: Üniversite sınavlarını kazanmak için çalışmak.

Eğer üniversite sınavlarına katılmayı değil de bir an önce bir meslek öğrenip çalışmak istiyorsan meslek liselerine veya ticaret lisesine gitmen daha doğru olur. Meslek liselerinde haftada 20–25 saat bölümünle ilgili atölye dersleri var. Bu okullardan mezun olduktan sonra bir elektrikçi, bir tornacı, bir bilgisayarcı olabilirsin. Ticaret lisesinden sonra bir muhasebeci, bir bankacı veya bir bilgisayarcı olabilirsin. Bu alanlarda kendini yetiştirdikten sonra çok kolay iş bulabilirsin. Hele bir de tanıdığın birileri varsa herhangi bir yerde hemen işe başlayıp çalışabilirsin.

Meslek liselerinde ve ticaret lisesinde üniversite sınavlarına yönelik dersler verilmediği için buralardan mezun olan öğrencilerin sınavları kazanma olasılıkları çok az.

"Ailemin maddi durumu iyi değil, bu yüzden üniversiteyi kazansam da okuyamam." diye düşünmen doğru değil Gamze. Çünkü üniversite öğrencilerine çeşitli kuruluşlar karşılıksız burs veriyorlar. Devlet de kredi veriyor. Hem belki de sen Çukurova Üniversitesi'ni kazanırsın. Böylece ailene fazla bir maddi yük getirmemiş olursun.

Karanlık Bir Odayı Aydınlatabilmek İçin Küçücük Bir Düğmeye Basmak Yeterlidir...

Sen üniversiteyi kazan, söz veriyorum tüm masraflarını ben karşılayacağım. Senden, karanlık bir gelecek düşünerek zamanını karamsarlıkla geçirmeni değil; aydınlık bir gelecek kurmak için harekete geçmeni ve hemen bir adım atarak işe başlamanı bekliyorum. Unutma canım, karanlık bir odayı aydınlatmak için elektrik düğmesine basmak nasıl yeterliyse geleceği aydınlatmak için de bir karar vermek ilk adım için yeterlidir.

Kararı sen vereceksin Gamze.

Yazdıklarına üzülmek mi, neden üzüleyim ki? Sen beni üzecek bir şey yaptığını mı düşünüyorsun yoksa? Hayır canım, hayır. Bilakis sevindim. Senin gibi, biz öğretmenlere neler yapmamız veya neler yapmamamız gerektiğini söyleyen öğrenciler olduğu sürece, bizim eksiklerimiz tamamlanır ve hatalarımız en aza iner.

Ben sizler gibi öğrencilerle yetişmek ve iyi bir öğretmen olma yolunda çaba göstermek istiyorum. Uyarıların için çok çok teşekkür ediyorum.

Gönül bahçemi sana da açıyor ve "Sevgili Çiçeğim Gamze, Gönül Bahçeme Hoş Geldin Canım." diyorum. İnşallah sahip olacağın tüm güzelliklerle bahçemize apayrı bir renk katan çiçeğimiz olacaksın.

Haydi, şimdilik bu kadar canım. Kararını bana da bildirirsen sevinirim. Umarım yazdıklarımla isabetli bir karar vermen için sana ışık tutabilmişimdir.

Ailene saygılarımı sunuyorum.

Sevgilerimle...

Alişan

SOĞUK BİR KIŞ AKŞAMI OKULDAN SONRA EVE GELDİM. GÜNEŞ BATMIŞTI. AKŞAM EZANI OKUNUYORDU. ÜZERİMİ DEĞİŞTİRİP AKŞAM YEMEĞİNE OTURMUŞTUM Kİ KAPININ ZİLİ ÇALDI. KIZIM "BEN AÇARIM." DİYEREK SOFRADAN KALKTI VE KAPIYA GİTTİ. DÖNDÜĞÜNDE "KİMMİŞ KIZIM?" DİYE SORDUM. KIZIM "KİMSE YOK BABACIĞIM, AMA KAPININ ÖNÜNDE BİR ZARF DURUYORDU. BAK İŞTE BURADA." DEDİ.

SEVİM'İN MEKTUBU

Yalvarıyorum Yardım Edin! Ne Olur Tutun Ellerimi Ve Kurtarın Beni Hocam

Bir öğretmen olarak dersine girdiğiniz öğrencilerle mektuplaşmanın mutluluğunu yaşadınız mı hiç? Ben yaşadım.

Benim okulum çok büyük ve sınıflardaki öğrenci sayıları da oldukça fazla (80–90 kişi.) Haftada bir veya iki saatliğine bir sınıfa giriyorsanız o sınıftaki öğrencilerin hepsiyle yeteri kadar ilgilenme imkânınız olmuyor demektir. Elbette ki bu "Aman boş ver, ne hâlleri varsa görsünler, ben dersimi verir çıkarım." demenizi gerektirmiyor. Sorunun başka çözümleri de var. Telefon etmek veya mektup yazmak gibi.

Sanırım bugüne kadar gerçekleştirdiğim samimi ilişkilerin çoğunu mektuplarla gerçekleştirdim. Mektup, birbirlerine yazmayı isteyen iki kişi arasında sağlıklı bir iletişim kuran harika bir araç. Sınıfta, ders esnasında veya teneffüste olduğu gibi bir zaman sınırlaması yok. İnsanlar birbirlerini "Haydi çabuk anlat, süremiz çok az, burada kes, şimdi gitmem gerekiyor." gibi engellerle kısıtlamıyor. Mektupta yazma süresi ve konusu sınırlı değil, anlatmak istediğiniz her konuyu dilediğiniz şekilde ve istediğiniz kadar uzun bir zaman içerisinde yazabiliyorsunuz. Anlatmak istediğiniz her şeyi hiçbir endişe taşımadan gönlünüzce anlatabiliyorsunuz. Bu da doğal olarak doğru anlatmayı ve yine doğru anlaşılmayı getiriyor. Bunun sonucu da tabii ki güzel bir diyalog, sağlıklı ve sıcak bir ilişki.

Bunu başardığınız takdirde daha çok öğrencinize ulaşma, onları dinleme, problemlerini tespit edip çözüm yollarını aramada yardımcı olma imkânı buluyorsunuz. Daha çok insanın üzerindeki kara bulutları dağıtıyor, onların iç dünyalarını aydınlatabiliyorsunuz. Yaptığınız minicik bir rehberlik daha çok öğrencinizin aileleriyle ve başkalarıyla anlaşabilmesini getiriyor. Bunun sonucu mesleğinizden, yaşamınızdan doyumsuz bir zevk alıyor, mutluluğu iliklerinize kadar hissediyorsunuz.

Yine de ulaşamadığınız öğrencileriniz olmuyor değil. Şimdi size fark edemediğim, kendisine ulaşıp yardımcı olamadığım bir öğrencimden söz edeceğim. Evet, ben ona ulaşamadım ama o bana gelmeyi denedi ve bunu başardı.

Nasıl mı?

Soğuk bir kış akşamı okuldan sonra eve geldim. Güneş batmıştı. Akşam ezanı okunuyordu. Üzerimi değiştirip akşam yemeğine oturmuştum ki kapının zili çaldı. Kızım "Ben açarım." diyerek sofradan kalktı ve kapıya gitti. Döndüğünde "Kimmiş kızım?" diye sordum. Kızım "Kimse yok babacığım, ama kapının önünde bir zarf duruyordu. Bak işte burada." dedi.

Zarfın üzerinde isim yoktu. "Sanırım bu mektubu yazan adını vermek istemiyor." diye düşündüm. Yemekten sonra mektubu okudum. Bu ibret verici bir mektuptu:

Sevgili Hocam,

Yalvarıyorum, yalvarıyorum, yalvarıyorum bana yardım edin. Bunaldım, artık dayanamıyorum. Yakında bir daha intiharı denemekten başka çarem kalmadı. Omuzlarıma binen ağır yükün altında eziliyorum. Düşmek, yıkılmak üzereyim. Size ellerimi uzatıyor ve yalvarıyorum:

Ne olur tutun ellerimi ve kurtarın beni hocam!

Kendimi anlatmadan önce sizin çocuklarınıza ve tüm arkadaşlarıma seslenmek istiyorum. Onlara söylemek istediğim bir şeyler var.

Sevgili kardeşlerim,

Sizler çok şanslısınız. Şu anda ben ağlayarak sokaklarda gezerken sizler mutlu yuvalarınızda, sıcacık sofralarınızın başındasınız. Belki de şimdi babanızın dizine yaslanmış ya da annenizin yanına oturmuş yemekyiyorsunuz. Akşamları huzurla dönebileceğiniz güvenli bir aile ortamınız var. Sofrasında yemeklerden buhar yerine mutluluk çıkan, bacasından duman yerine sevgi tüten ve huzuru taa bulutlara ulaşan bir eviniz var. Oysa ben bunlara hasretim. Siz bunları yaşarken ben ya sokaklarda ağlayarak dolaşıyorum ya da başkasının ev dediği soğuk dört duvar arasında, yorganımı başıma çekmiş ağlıyorum. Ben sizlerden, tüm kardeşlerimden ve arkadaşlarımdan sahip oldukları bu güzelliklerin değerini bilmelerini istiyorum.

Bu Kız Çocuğu da Nereden Çıktı?

Ben doğduğumda herkes ağlamış biliyor musunuz? "Biz erkek çocuk bekliyorduk, bu kız çocuğu da nereden çıktı?" diye çok üzülmüşler. Diğer kardeşlerim doğduktan ve ben biraz büyüdükten sonra bunu anladım ve dışlandığımın farkına vardım. Bize oyuncak veya giyecek alındığında bana hep çok farklı davranılıyordu. Gece oldu mu annem bir kardeşimle, babam diğer kardeşimle yatardı. Ben annemin yanına gittiğimde bana "Bu tarafta yer yok, git babanın yanına yat." derdi. Babamın yanına gittiğimde bana "Burası dolu, yer yok, git annenin yanına yat." derdi. Ben de bir başka odadaki küçük ve soğuk yatağıma uzanır, hem titreyerek hem de ağlayarak uyumaya çalışırdım.

Annemle babam hiç geçinemezlerdi. Sürekli olarak birbirlerine bağırarak konuşurlar, sinirli davranırlar ve birbirlerinden intikam almak için uğraşırlardı. Birbirlerini üzmek ve sinirlendirmek için harcadıkları çabanın onda birini, mutlu etmek için gösterselerdi bizim evimiz de sevgi dolu, mutlu bir ev olurdu ama bunu yapmadılar. Gururlarının ve inatlarının peşine takılıp birbirlerini üzmeye devam ettiler.

Babam annemden çok daha dengesiz ve sinirli bir insandır. En ufak bir yanlışımızda bizleri ve annemi çok feci bir şekilde döverdi. Kardeşlerimin işlediği suçların da cezasını bana yükleyip beni ayrıca bir daha döverdi.

Bugüne kadarki hayatımda asla unutmadığım ve gölgem gibi yaşadığım, hatırladıkça korkup dehşete düştüğüm anlarım vardır: Arkadaşlarımın arasında, hiç beklenmedik bir anda babamdan çok feci dayak yemek, çok ağır hakaretler ve utandırıcı azarlar işitmek... Başkalarının önünde çirkin laflar duymak, ne aşağılayıcı ve ne acı verici bir durum biliyor musunuz öğretmenim?

Siz bunu bildiğiniz için öğrencilerinizi hiç aşağılamıyorsunuz. Bir arkadaşımız gürültü ettiğinde, dersin huzurunu bozduğunda siz onu görmezlikten gelip tavandaki lambaya bakarak **"Lamba kardeş, dersimizi engellediğinin farkında mısın?"** diyorsunuz. Onu kırmak, sınıfın huzurunda küçük düşürmek istemiyorsunuz. Sizin bu huyunuzu çok seviyorum öğretmenim.

Bazen sokağa bakar, mutlu insanları seyrederim ama sokaktaki mutlu insanlar bana hep tablo gibi gelir. Çünkü ben mutluluğu hiç yaşamadım, yaşayamadım ki onun nasıl bir şey olduğunu bileyim. Ben hep aradım, bekledim ve özledim. Koşup annelerinin kucağına atlayan ya da babasıyla el ele tutuşup gezmeye çıkan çocuklara hep imrenirdim.

Evimizdeki mutsuz ve huzursuz ortam annemin canına tak etmişti. Sonunda annemle babam ayrıldılar. Beni ve kardeşlerimi hiç düşünmeden, sadece kendi gururları ve bencillikleri uğruna ayrıldılar. Onların ikisine de bir şey olmadı. İkisi birbirlerinden kurtuldukları için şimdi rahatlar. Olan bize; masum, suçsuz ve günahsız çocuklara oldu. Onların anlayışsızlıklarının, bencilliklerinin ve gururlarının cezasını bizler çekiyoruz öğretmenim.

Annemle babam ayrıldıktan sonra ben, annemin yanında kalmak istedim ama babam bırakmadı. Hem bizi anneme bırakmadı, hem de bizimle hiçbir zaman ilgilenmedi. Mutlu ve sevgi dolu bir yuva istedim, kader bırakmadı. Artık ne yapabilirim bilmiyorum öğretmenim. Böyle yaşamaktan nefret ediyorum. Yüreği sevgi dolu bir annemle şefkatli bir babamın olmasını, onların ellerinden tutup birlikte yürümeyi ne kadar istiyor ve arıyorum biliyor musunuz?

Her akşam yorganımı başıma çekiyor ve "Allahım nedir bu çektiğim?" diye sitem ediyordum. Her şey içimde birikmişti. Derdimi paylaşabileceğim, güvenle sarılabileceğim, beni anlayacak ve candan sevecek hiç kimsem yoktu öğretmenim. Öğretmenler müfredatı yetiştirebilmek için uğraşırken bizimle ilgilenmeye fırsat bulamıyorlardı. Size çok kızıyorum; çünkü derste bazı öğrencileri kaldırıp "Bir derdin var mı, sana yardımcı olabilir miyim, bir ihtiyacın olursa haberim olsun." diye soruyordunuz. Bazılarına mektup yazıyor ve mektuplarınızı o arkadaşlarımıza herkesin önünde veriyordunuz. Benimle bir kerecik olsun konuşmadınız, bir derdim olup olmadığını sormadınız. Teneffüslerde de bazı arkadaşlarımızla konuşuyordunuz. Özellikle bazıları sizinle konuşurken ağlıyorlardı. Demek ki çok önemli problemleri vardı. Ben hep mektup vereceğiniz, telefon edeceğiniz, teneffüslerde konuşacağınız, yanına gidip hâlini hatırını soracağınız öğrencilerden biri olmayı istedim. Baktım sizden hayır yok, bunun üzerine bu mektubu yazmaya karar verdim. İnşallah siz de bana en kısa zamanda mektubumun karşılığını yazarsınız.

Annemle babam ayrılmadan önce mahallede sevenimiz çoktu. Arkadaşlarım bana "Annen çok iyi bir kadındı, hepimize yardımcı olurdu, şimdi nereye gitti?" diye soruyorlardı ama onların anneleri bana hiç yardımcı olmuyordu.

Dayanacak Gücüm Kalmamıştı...

Böyle yaşamaya, böyle kadere razı olamazdım hocam. Artık mücadele edecek gücüm de kalmamıştı. Sanki ben düştükçe her gelen bir tekme daha vuruyordu. Ve bir gün ölmeyi denedim. Evde kimsenin olmadığı sırada bir kutu hap içtim. Ben bayılınca zehirlendiğimi fark edip hastaneye götürmüşler. Midemi yıkayıp kurtarmışlar. Neden kurtardılar Allahım neden? Demek ki daha çekeceğim varmış.

Annemle babam benim için hastanede gözyaşı döktüler. **"Canım kızım, neden böyle yaptın? Biz seni çok seviyoruz, artık hatalarımızı düzelteceğiz."** dediler. Aman Allah'ım kulaklarıma inanamıyordum. Uzun zamandır annemle babamdan böyle güzel sözler duymamıştım.

Hastaneden çıkınca ne oldu biliyor musunuz öğretmenim? **"Keşke geberseydin eğer adamsan bir daha denersin!"** dediler. Oysa ben her şeyin düzeleceğine çok inanmıştım. Kardeşlerimin acı çekmemesi için ölümü bile göze almıştım. "Ben annesizim, babasızım, kanatları kırılmış bir kuş yavrusuyum. Benim sıcak bir yuvam yok. Bari kardeşlerim benim yaşadığım olumsuzlukları yaşamasınlar, onlar sevgisiz kalmasınlar" dedim ama olmadı, onlarla ilgili hayallerim de yıkıldı öğretmenim.

Keşke o gün ölseydim. Belki bensiz, ailem birleşir ve kardeşlerimle daha mutlu olurlardı ama diğer tüm isteklerim gibi bu da olmadı. Şimdi ne yapacağımı bilmiyorum. Yapabildiğim tek şey ellerimi Allah'a açıp şöyle dua etmek:

"Ey Allahım! Yeri, göğü, sevgiyi ve her şeyi yaratan yüce Allahım! Sana yalvarıyorum, annemle babamı, bana ve kardeşlerime bağışla. Bize sevgi dolu bir ailede yaşamayı çok görme. Ocağımızda huzur pişsin, bacamızdan sevgi tütsün, duman duman bulut olup taa gökyüzüne yükselsin, buram buram tütsün. Mutlu bir aileye muhtacız Allahım. Kardeşlerimin sevgisizlikten boynu bükük kalışına benim minicik yüreğim dayana-

mazken sen nasıl dayanıyorsun? Bize yardım et Allahım, ne olursun yardım et."

Derslerimin çok zayıf olduğunu, kendimi derslerime veremediğimi biliyorsunuz değil mi öğretmenim? Evde soğuk odamdaki minicik yatağıma büzülüp annem, babam ve kardeşlerimin durumlarını düşünürken kendimi derslere veremiyorum; hatta okulu bırakmayı bile düşünüyorum.

Bugüne kadar kendimi, iç dünyamı kimselere anlatmamıştım. Şimdi size yazınca çok rahatladım. Arkadaşlarımın size neden bu kadar çok mektup yazdıklarını şimdi daha iyi anlıyorum. Anlaşılmak çok güzel şey öğretmenim. Beni anlayacağınızı ve bana yardımcı olacağınızı biliyorum. Lütfen beni fazla bekletmeyin.

Benim durumumda olan arkadaşlarımın sayısı hiç de az değil. Sizin bunların çoğundan haberiniz yok. Bu arkadaşlar da öğretmenlerimizden sevgi ve ilgi bekliyorlar.

Sizi çok seviyorum öğretmenim. Bana yazacağınız cevabı elinize alıp sınıfa geldiğinizde çok memnun olacağım. Karanlık dünyamı aydınlatacak bir ışık demeti bekliyorum sizden.

İyi günler diliyorum.

Öğrenciniz Sevim

“NASIL BİR ANNE-BABAYA SAHİP OLDUĞUMUZ O KADAR DA ÖNEMLİ DEĞİL ÇÜNKÜ ONLARI SEÇMEK BİZİM ELİMİZDE DEĞİLDİ.

AMA NASIL BİR ANNE-BABA OLACAĞIMIZ ÇOK ÖNEMLİ ÇÜNKÜ BU SEÇİM BİZİM ELİMİZDE.”

GELECEĞİMİZİ BELİRLEMEK BİZİM ELİMİZDE...

Sevgili Arkadaşım Sevim,

En içten sevgilerimi sunarak başlıyorum yazmaya, daha doğrusu seninle sohbet etmeye. Öğrencilerimin yazdığı mektupları birkaç defa okurum. Okurken bazı yerlerin altını çizerim. Sonra da o öğrenciyi masama çağırır, onunla konuşurmuş gibi yazarım.

Vaktim gündüzleri pek müsait olmadığı için genellikle de gece yarısından sonra yazarım. Bu vakitte yazmaya oturduğumda dikkatimi dağıtacak hiçbir şey olmaz. Ben de yazmak istediğim konular üzerinde yoğunlaşır ve istediğim şekilde yazılarımı kaleme alırım.

İnsan olarak hepimizin en büyük ihtiyacı sevmek ve sevilmektir. Hepimiz içimizdeki sevgiyi çevremizdekilere sunmak, yüreğimizdeki güzel duyguları başkalarıyla paylaşmak isteriz. Başkalarından da ilgi ve sevgi bekleriz. Bunu bulduğumuzda da mutlu olur, yaşadığımız hayattan zevk alırız.

Mektubuma başlamadan önce çocuklarımın yattığı odaya gittim. Işığı yakıp yanlarına yaklaştım. Kızım terlemişti, oğlumun da üzeri açılmıştı. Çok tatlı uyuyorlardı. İçimdeki sonsuz sevgiyle onlara baktım. Kızımın terini sildim, oğlumun üzerini örttüm. Her ikisini de yanaklarından öptüm. Bir süre daha onları seyretmeye devam ettim. Ve sessizce odadan ayrıldım. Şimdi de karşıma seni aldım ve yazıyorum.

Biliyor musun, bir an seni kendi kızımın yerine koydum. Başın ağrıdığında yanına gelecek, elini alnına koyup ateşini kontrol edecek, sen yatmaya giderken sarılacak, yanaklarından öpüp "İyi geceler canım kızım." diyecek bir babanın olmasını ne kadar çok isterdin değil mi? Ya da sabahları saçlarını güzelce tarayıp seni giydirecek, okula gönderecek, akşamları dönmeni bekleyecek, seni kapıda karşılayıp öpecek, hâlini hatırını soracak, sofrayı hazırladığında sana "Sevim, haydi canım, yemek hazır, sofraya." diyecek bir annen olmasını çok isterdin. Hep birlikte, el ele tutuşup parka gittiğiniz, gezip dolaştığınız, birlikte oynadığınız, bakkala gidip çikolata, şeker aldığınız bir ailenin olmasını daha çok isterdin değil mi?

Sonra da ben kendimi senin yerine koydum, kendi çocuklarımı senin konumunda düşündüm bir an. Doğrusunu istersen kabullenemedim bu durumu. Tatlı sözler beklerken hakaretler içeren bağrışmaları, sürekli kavga getiren suçlayıcı sözleri duymak zorunda kalmak çok zoruma giderdi. Bunun hayali bile dayanılmazken, sen bunları yaşıyorsun.

Ben köyde yetiştim. Köyde koyunlarımız vardı, ilkbahar geldiğinde kuzularlardı. Gündüzleri koyunlar yayılmaya gider, kuzular da evde kalırdı. Kuzular, annelerini özledikleri için akşama kadar meleyip dururlardı.

Akşamları koyunlar eve dönerken uzaktan yavrularının sesini duyduklarında meleyerek koşmaya başlarlardı. Annelerinin sesini duyan kuzular da daha bir içli melerdi. Koyunların gelmesine elli metre kala ben kuzuların çıkması için kapıyı açardım. Koyunlar ve kuzular, hasretle ve sevgiyle birbirlerine doğru koşardı. Ben bu manzara karşısında çok duygulanır, çoğu kez de ağlardım.

Bazen kuzular hızlarını alamayıp annelerini de geçerlerdi. Sonra koklaşarak birbirlerini arar dururlardı ta ki bulana dek. İnsanın içini burkan, yüreğini yakan meleme sesleri her kavuşmanın ardından gittikçe azalırdı. Yavrusunu bulan her koyun sessizce onu emzirirdi.

Annesi Ölen Kuzuları Biberonla Doyururduk...

Sürünün içinde bazen anneleri ölen kuzularla yavruları ölen koyunlar olurdu. Annesiz kuzu, yavrusunu emziren koyuna yaklaşıp memesine dalardı ama koyun ona bir tekme savurup çekilir, emzirmezdi onu. Kuzu bir başkasına, sonra da bir başkasına giderdi ama annesini bir türlü bulamazdı.

Ben de bir emziği küçük bir şişenin ağzına geçirir, kuzuya süt verebileceğim bir biberon yapardım. Annemin, sütü fazla olan koyunlardan sağdığı sütü, o biberona doldurur, annesiz kuzuya içirirdim. Karnı doyunca melemesini keser, diğer kuzularla hoplayıp zıplamaya başlardı. Ne kadar sevinirdim onun bu mutlu durumuna.

Senin mektubunu okuyunca o annesiz kuzuların sürüde sürekli meleyerek annelerini aramalarını hatırladım Sevim. Sonra da senin o annesiz kuzuların meleyişi gibi olan feryadını düşündüm. Çocuklarıma ve tüm arkadaşlarına verdiğin mesaj çok etkileyiciydi:

"Sizler çok şanslısınız. Şu anda ben ağlayarak sokaklarda gezerken sizler mutlu yuvalarınızda, sıcacık sofralarınızın başındasınız. Belki de şimdi babanızın dizine yaslanmış ya da annenizin yanına oturmuş yemek yiyorsunuz. Akşamları huzurla dönebileceğiniz güvenli bir aile ortamınız var. Sofrasında yemeklerinden buhar yerine mutluluk çıkan, bacasından duman yerine sevgi tüten ve huzuru taa bulutlara ulaşan bir eviniz var. Oysa ben bunlara hasretim. Siz bu güzellikleri yaşarken, ben sokaklarda ağlayarak dolaşıyorum. Ben sizlerden, tüm kardeşlerimden ve arkadaşlarımdan sahip oldukları bu güzelliklerin değerini bilmelerini istiyorum."

Sana cevap yazdığım şu sırada okuduğum bu satırların, annesiz kuzuların yürek yakan melemesi gibi çınladı kulağımda.

Biz insanlar bazen ne kadar nankör oluyoruz, değil mi Sevim? Sen sevgi ve mutluluk dolu bir ailenin hasretini çekerken, böyle bir ailen olmadığı için ölümü bile göze almışken, bazı insanlar minicik bir hatalarından dolayı ailelerini beğenmiyorlar, onlarla iletişimlerini koparıyorlar. Onların bekledikleri sevgi ve saygıyı göstermedikleri gibi onları sürekli olarak suçluyorlar. Ailelerinden utanç duyup annelerini, babalarını arkadaşlarıyla tanıştırmaktan kaçınanlar bile oluyor biliyor musun?

Ben diyorum ki; annemizin, babamızın ya da çocuklarımızın değerini bilmek için illaki onların ölmesi mi gerekiyor? Yoo, hayır, hayır… Allah korusun, hiç beklemediğimiz bir anda çok sevdiğimiz annemizi, babamızı, kardeşimizi ya da çocuğumuzu kaybedebiliriz. Bu yüzden sağken ve yanımızdayken kendilerine her türlü sevgi ve saygıyı gösterelim, değer verelim onlara.

Bak, annenle baban yanlarına gittiğinde seni istemeyip başlarından savıyor, sen intihar girişiminde bulununca da yanına gelip **"Canım kızım, neden böyle yaptın, biz seni çok seviyoruz, artık hatalarımızı düzelteceğiz"** diyorlar. Değerini seni kaybedeceklerini zannettiklerinde anlıyorlar. Sen iyileşince de artık buna gerek olmadığını düşünüp eski hallerine dönüyorlar.

Sevgili arkadaşım, şu anda yaşadığın sorunlar senden kaynaklanmıyor. Bunların sorumlusu sen değilsin. Böyle olduğu hâlde, küçücük yaşında kendinden büyük olan sorunların üstesinden gelmek için çaba harcıyor, kardeşlerin için özveride bulunuyorsun. Seni kutluyorum.

Artık kendini daha fazla üzüp yıpratma lütfen. Üstelik kendimizi harap etmek sorunlarımıza bir çözüm getirmez. Sorunlarımızın olmasından çok onlara karşı takındığımız tavırdır asıl önemli olan. Bazen problemimizi çözecek güce ulaşıncaya kadar beklememiz gerekebilir. Bazen de problemimizin en iyi ilacı onları zamana bırakmak olur.

Biliyorsun okulumuz çok kalabalık, 4000'e yakın öğrencimiz var. Ben 2000 öğrencinin dersine giriyorum ve onları haftada bir defa görebiliyorum. Böyle bir ortamda öğrencilerin hepsine ulaşmanın zorluğunu anlayacağını umuyorum. Biz öğretmenler, gücümüz yettiğince çok öğrenciye ulaşmaya gayret eder ya da bize ulaşanlarla daha yakından ilgilenmeye çalışırız..

Sen, kendisine ulaşamadığımı görüp ilk adımı atanlardansın. Aramızdaki diyalog böyle başladı. Şimdi sıra geldi bu diyalogu geliştirip güzel ve etkili bir iletişim kurmaya... Bunu mektuplarla gerçekleştirmemiz için de hiçbir engel yok. Ders saati yetersiz, teneffüslerimiz beş dakika belki (bu beş dakikada ancak birkaç öğrenci ile konuşabiliyorum) ama canım mektuplarda sınır yok. Bak, sana cevap yazıyorum ve istediğin gibi getirip sınıfta arkadaşlarının yanında vereceğim. Mektup yazmakla kendini bana fark ettirdin. Tebrikler. Attığın bu ilk adım, son olmasın, tamam mı canım?

İntihar Çözüm Değildir, Sorunlardan Kaçıştır...

İntihar etmeyi düşündüğüne ve buna teşebbüs ettiğine göre demek ki çok çaresiz kaldın ve başka bir seçeneğinin olmadığını zannettin. Evet, canım seni anlıyorum. Yaşadıklarının katlanılması öyle kolay şeyler olmadığını da biliyorum. Bununla beraber çok iyi bildiğim bir şey daha var ki o da intiharın hiçbir şeye çözüm olmadığıdır.

İntihar bir kaçıştır, sorunlar çözülmediğinde başvurulan kolay bir yoldur. Sorunlar karşısında kolay kolay pes etmeyen sen, inanıyorum ki bundan sonra intiharı bir çözüm olarak görmeyeceksin. Düşünsene bir Sevim; sen intihar edersen kardeşlerin daha mı iyi yaşayacak, annenle baban bir araya gelip daha mı mutlu olacak, kardeşlerine daha mı çok sevgi verecekler? Hayır, canım hayır. Elbette bunlar olmayacak. Ancak sen bu sorunlara gözünü kapayıp kulaklarını tıkamış olacaksın. Görmediğin, duymadığın sorunların çözülmüş olduğunu zannedeceksin.

Allah'a ne güzel dua etmişsin bak: "... Kardeşlerimin sevgisizlikten boynu bükük kalışlarına benim minicik yüreğim dayanamıyor..." Onların sevgisiz kalışlarına dayanamayan yüreğin, onları o sevgisizliğin içinde bırakıp gitmeye nasıl dayanacak Sevim?

Kardeşlerinin, yaşadığın olumsuzlukları yaşamamaları ve sevgisiz kalmamaları için senin güzel bir ablalık yapman gerekiyor. Sen sevgisizliğin, mutsuzluğun ne demek olduğunu çok iyi biliyorsun. Zira bunun acısını iliklerine kadar yaşadın. Kardeşlerinin de bu acıyı yaşamamaları için kendini toparlayıp yaşama yeniden "Merhaba" demenin zamanı geldi de geçiyor bile.

Kardeşlerinden önce kendin için yaşaman gerekiyor. Bugüne kadar bize sunulan yaşam biçimini belki biz belirlemedik. Birçok şeyi yaşamamız için bize baskı yapıldı, bize roller verilerek o rolleri oynamamız istendi. Ancak bundan sonra geleceğimizi belirlemek için ipleri elimize alıp onu istediğimiz gibi şekillendirmenin yollarını aramalıyız.

Şimdilik bu kadar diyorum Sevim.

Mektubumu sevgili İpek Ongun'un şu sözleriyle bitirmek istiyorum:

"Nasıl bir anne-babaya sahip olduğumuz o kadar da önemli değil çünkü onları seçmek bizim elimizde değildi.

Ama nasıl bir anne-baba olacağımız çok önemli çünkü bu seçim bizim elimizde."

Sevgilerimle canım.

Alişan

BÖYLE DURUMLARIN YAŞANMASINA
NEDEN OLANLAR O GENÇ İNSANLAR
DEĞİL ELBETTE. VURDUMDUYMAZ
BABALAR, BENCİL ANNELER,
GURURUNU HER ŞEYDEN ÜSTÜN
TUTAN EŞLER, ÖĞRENCİSİNİ
TANIMADAN, ONU ANLAMADAN
HA BİRE HİÇBİR İŞE YARAMAYAN
BİLGİ BOMBARDIMANINA TUTAN
ÖĞRETMENLER OLARAK BİZLERİZ BU
DURUMUN SORUMLULARI.

Çok Şey Değil Onların Bekledikleri:

TATLI BİR BAKIŞ, İÇTEN BİR GÜLÜMSEME, CANDAN BİR SELAM...

İşte size, mutlu bir aile özlemiyle kıvranan bir genç kızın mektubu...

İşte size, kendi ailesinden dışlanan, kız olduğu için horlanan, sevgiden yoksun bırakılan bir yavrunun feryatları...

İşte size, yaşadıklarının ağırlığı altında ezilen, çaresizce kıvranan kanadı kırık bir kuşun çırpınışları...

Böyle durumların yaşanmasına neden olanlar o genç insanlar değil elbette. Vurdumduymaz babalar, bencil anneler, gururunu her şeyden üstün tutan eşler, öğrencisini tanımadan, onu anlamadan ha bire hiçbir işe yaramayan bilgi bombardımanına tutan öğretmenler olarak bizleriz bu durumun sorumluları.

80–100 yıl kadar konuk olduğumuz şu harikulade dünyamızı, muhteşem yaşamımızı daha ne güne kadar kendimize ve birbirimize zindan edeceğiz? İnsan mükemmel yaratılmış ve tüm kâinat, üzerindeki bütün güzelliklerle hizmetine sunulmuşken bize ne oluyor da cennet gibi olması gereken yuvamızı cehenneme çeviriyoruz? Her şeyden üstün tuttuğumuz gururumuz, bencilliğimiz, hoşgörüsüzlüğümüz, anlayışsızlığımız, acımasızlığımız, nefretimiz, kinimiz bize ve çevremizdekilere ne kazandırıyor zulümden, işkenceden ve mutsuzluktan başka ki bunlardan bir türlü vazgeçmiyoruz?

Hele hiçbir suçu ve günahı olmayan minicik çocuklarımızın tertemiz dünyalarını neden kirletiyoruz? Onların apaydınlık ruhlarını neden karartıyoruz? Böyle yaparak çocuklarımızı evden uzaklaştırıyor, onların yanlış yollara sapmalarına, amaçsız ve başıboş yetişmelerine, bunun sonucu olarak intihar girişiminde bulunmalarına neden oluyoruz. Acaba bunun farkında mıyız? Bahçemizin çiçekleri olan çocuklarımızı onlar henüz açmaya başlamışken soldurduğumuzun farkında mıyız?

Haydi, bırakalım bütün bu olumsuzlukları lütfen. Çocuklarımıza verebileceğimiz en güzel hazine sevgidir, iyi bir eğitimdir, terbiyedir, huzurlu ve güven ortamıdır; kavga, gürültü ve tartışmanın hiç eksik olmadığı huzursuz bir ev değil.

Bir çift sözüm de başta kendim olmak üzere öğretmen arkadaşlarıma olacak:

Sınıfta konuşan, gürültü eden, yaramazlık yapan, derse ilgi göstermeyen, bazen dalıp giden, bazen isyankâr olan, kötü alışkanlıklar edinen, derslerinde başarısız, sorumluluklarını yerine getirmeyen öğrencilerimizin aileden kaynaklanan sorunları olabileceğini asla gözden uzak tutmayalım. Başarısızlık ve ilgisizlik her zaman tembellikten kaynaklanmayabilir zira.

Öğrenciyi azarlamak, dersi dinlemiyor diye sınıftan atmak, onu suçlamak, zayıf not verip sınıfta bırakmakla tehdit etmek kolay, hem de çok kolay. Biz bu kolaylığa kaçmadan onlarla konuşalım. Onları dinleyip problemlerinin kaynağını arayıp bulmaya çalışalım. Bakın o zaman özlemini çektiğimiz eğitimi ne kadar kolay gerçekleştiriyoruz. Şunu da hiçbir zaman unutmamalıyız ki; evinde aradığı sevgiyi, ilgiyi, özlemini çektiği şefkati bulamayan birçok öğrencimiz bunları bizlerden bekliyor. Belki de beklentilerine cevap vermeyen bizlerin dikkatini kendi üzerinde toplamak için yukarıdaki olumsuzluklara yöneliyor.

Çok şey değil onların bekledikleri: Tatlı bir bakış, içten bir gülümseme, candan bir selam...

İşte hepsi bu...

ŞİMDİ HEDEFİM; EDEBİYAT ÖĞRETMENİ OLMAK. DAHA DOĞRUSU BABAMIN HEDEFİ OLDUĞU İÇİN EDEBİYAT ÖĞRETMENİ OLMAK. NASIL BİR EDEBİYAT ÖĞRETMENİ OLACAĞIMI BİLMİYORUM ÇÜNKÜ BEN ÖĞRETMEN OLMAYI İSTEMİYORUM VE KENDİ KARARIMLA SEÇMEDİM. KENDİ SEÇİMİM OLAN DOKTORLUĞU DA BABAM İSTEMEDİ.

ESİN'İN MEKTUBU

İçimdeki Mutlu Çocuk Öldü Öğretmenim!..

Sevgili Öğretmenim,

Hayat bir tiyatrodur. Bizler de bu tiyatrodaki rolümüzü ne kadar başarılı bir şekilde oynarsak o kadar mutlu olacak oyuncularız. Ben de kendi mutluluğum için başarılı bir oyuncu olmak istedim ancak yaşadığım çevrede pek de iyi bir oyuncu olamadım.

Kendimi ve tiyatrodaki rolümü hiçbir zaman küçümsemedim. Oysa sahnede rolümü en güzel bir biçimde oynamak isterken ön yargılar, tabular, ayıplar ve aptalca fikirler yüzünden bugüne dek hep bastırıldım. Bu kalıplaşmış anlayışlar beni yaşamaktan bıktırdı. Duygularımı, düşüncelerimi, kişiliğimi; kısaca kendimi bir türlü ifade edemedim, rolümü oynamaktaki yeteneğimi gösteremedim.

Ortaokul yıllarımda yaşama sımsıkı sarılmış, gözlerinin içi mutluluktan parlayan ve duygularını dolu dolu yaşayan içimdeki mutlu çocuk, bizim **"en akıllı, en bilgili, en iyi, en anlayışlı, en..."** olan büyüklerimizin koyduğu anlamsız kurallara uyamadığı, daha doğrusu bilerek uymadığı için öldü biliyor musunuz öğretmenim? Ya da benim bilmediğim bir yerlerde hâlâ can çekişiyor ve benim kendisini fark etmemi bekliyor. Bazen onu fark ettiğimi hissediyorum ama başkalarının beklentileri, üzerimde zorla da olsa daha etkili olduğu için ona ulaşamıyorum.

Ailem, beni ve kardeşlerimi topluma çok iyi çocuklar olarak göstermek istiyor. Bu istek sadece benim ailemde değil, toplumumuzdaki birçok ailede var. Her aile kendi çocuklarının topluma, diğer bir deyişle kendilerinin koyduğu bir yığın kurala uyum sağlayabilmesi için elinden geleni yapıyor. Bu onlara ne kazandırıyor acaba? Bunu çok merak ediyorum. Acaba aileler, çocukları toplumun tüm kurallarına uyduklarında onların hayatları boyunca mutlu olacaklarını mı sanıyorlar? Eğer böyle düşünüyorlarsa kesinlikle yanılıyorlar. Yaptıkları şey, çocuklarının güzel yaşamlarını yok etmek. Bunu niçin yapıyorlar? Toplum için, toplumun kurallarına uymuş olmak için...

Peki, buna değer mi öğretmenim? Toplum veya toplumun kuralları, yüzü, çektiği acılardan genç yaşta çökmüş, gözlerinin içini sevinç yerine hüzün kaplamış, sürekli olarak susmaktan ve susturulmaktan dudaklarında titremeler oluşmuş ve sözlerini nefret kaplamış bir gencin o güzelim yıllarını geri getirebilecek mi? Hayır öğretmenim hayır, getirmeyecek. Bir hiç uğruna, kendi doğrularından habersiz, kendi kabuğuna çekilmek zorunda bırakmış ve bastırılmış bir şekilde yaşıyor gençler. Kalıplar-kurallar, kendisi olmak isteyenleri yok ediyor. Peki, yapıcılıktan uzak bu zihniyetin ve kuralların yaşamımızı yaşanmaz hâle getirmeye ne hakları var? Biz daha ne zamana kadar bir köşede oturup ölümü bekleyeceğiz?

Kendim Olmaya, Kendimi Yaşamaya Karar Verdim...

İşte öğretmenim, ben de bunu düşünerek kendim olmaya, kendimi yaşamaya karar verdim ama ne çare! Tek başıma ne yapabilirim bilmiyorum.

Bu kararı aldığımda toplumu hiç düşünmüyordum. Çevremdekiler benim hakkımda ne derlerse desinler umurumda değildi; çünkü bu hayat benimdi ve onu nasıl yaşayacağıma kimsenin karışma hakkı olmamalıydı. Ben kendim için yaşarken, ailem toplum için yaşıyordu. Bu durumda ailemi hiçe sayamazdım çünkü hayatımı ailemden bağımsız bir şekilde, tek başıma sürdürmem imkânsızdı. Ben yine de mücadele ediyorum.

Ben bir kızın arkadaşlarıyla top oynamasını, bisiklete binmesini, tek başına çarşıya gitmesini ya da bir erkeğin duygusal bir olay karşısında ağlamasını, ev işlerinde annesine yardım etmesini doğal karşılarken ailem bana "Bırak kız top oynamayı! Sokakta bisiklete binmeye utanmıyor musun? El âlem ne der, ayıp değil mi? Sen kız başına ne yapıyorsun? Bir kız kendi başına böyle dolmuşa binip çarşıya-pazara gider miymiş? Otur oturduğun yerde! Durup dururken bir de mahallede adımızı kötüye çıkarma!" diyordu. Erkek kardeşime de "Erkekler ağlamaz, senin bu yaptığın delikanlılığa yakışmaz, öyle karı gibi zırlayıp durma! Sen erkeksin! Bırak mutfağa girmeyi, karı kılıklı olma, yoksa sana "Kız Mehmet" derler. Çık dolaş, evde oturma!" deyip bizi, duygularımızı, içten gelen davranışlarımızı bastırmaya çalışıyorlardı.

Kız çocuğu olduğum için bunlara karşı gelemiyor, dışarıya karşı hiçbir şey söyleyemiyordum. Ama içimde başka, bambaşka bir dünya, bambaşka bir ben vardı. Ben içimdeki mutlu çocuğu o dünyada bulmuştum ve onu orada çok mükemmel yaşatıyordum. Ancak bir o kadar da önemli olan, içimdeki mutlu çocuğu dış dünyada, başka insanların arasında da yaşatmamdı.

Bunun için okula gitmeli, okuyabildiğim yere kadar okumalı, kendimi olmayı gerçekleştirebilmeliydim.

Derken ortaokul bitmiş, yaz tatili gelmişti. Ancak bu tatil her zamankinden daha sıkıcı olacağa benziyordu çünkü ailemden artık beni okutmayacaklarını duyuyordum.

Ailem kararsızdı. Annem paramız olmadığı için beni okutamayacaklarını söylüyordu. Ancak diğer yandan, ileride benim de onlar gibi fakirlik çekmemem için okumamı istiyorlardı. Ben her gün ağlıyor ve okula gitmek istediğimi söylüyordum. Okulların açılmasına birkaç gün kala babam çalıştığı yerden döndü. Babama okumak istediğimi söyledim. Babam da parası olmadığını ama gücü yettiği sürece beni okutabildiği yere kadar okutacağını söyledi. Çok mutlu olmuştum o anda. Kurtuluşum için gerekli olan ilk adımı atmıştım.

Okullar açıldı. Ben büyük bir hevesle okuluma gidiyor, derslerime çalışıyordum. Babamla da çok iyi anlaşıyordum. Fakat sonraları bu anlaşma durumu bozuldu. Her akşam okuldan eve geldiğimde asık suratlarla karşılaşıyordum. Evde kimsenin birbirine karşı sevgi ve saygısı kalmamıştı. Babam yazın hasta hâliyle çalışıp biriktirdiği paraları kumarda kaybediyor, eve döndüğünde ise hepimize bağırıp çağırarak öfkesini bizden çıkarıyordu. Anneme, babamın neden böyle yaptığını sorduğumda annem, babamın bizim için kumar oynadığını, kaybedince de üzüntüsünden böyle yaptığını söylüyordu. Bir anlamda babama hak versem de onun bize bağırıp çağırmasıyla sorun çözülmüyordu. Bizim ne suçumuz vardı ki?

Ailemdeki bu sorunların yanında okul hayatımda da bazı terslikler vardı. Kusura bakmayın ama öğretmenim, öğretmenlerimizin ve arkadaşlarımızın çoğu sorumsuzdu. Kendini, geleceğini, başarılı olmayı düşünen öğrencilerin sayısı çok azdı. Ders çalışma ortamım da rahat değildi. Ben ne kadar istekli ve kararlı olsam da böyle bir ortamda kimse benden, başarılı olmamı bekleyemezdi.

Ailem bunu fark etmiş olmalı ki birinci dönemin sonuna doğru ikinci dönem için gerekli uyarıları almaya başlamıştım. Ya doğru dürüst çalışıp teşekkür veya takdirname alacak ya da okulu bırakacaktım. Karnemi aldım. Zayıfım yoktu. Ancak notlarım teşekkür almaya yetmemişti. İkinci dönem biraz daha çaba gösterdim ve teşekkür aldım.

Bazen herhangi bir konuda aileme ters düştüğüm oluyordu. Onların bildiklerinin aksine bir şey söylesem ya da onların söylediklerine karşı çıksam "Senin gittiğin okul başını yesin. Bir de lise öğrencisi olacaksın. Öğretmenlerin sana doğru dürüst bir şey öğretmiyorlar mı kızım? Sana hep büyüklerine karşı çıkmayı, bize saygısızlık yapmayı mı öğretiyorlar?" diye bana kızıyorlar. Onlar kızınca ben de içime kapanıyor ve onlara saygısızlık etmemek için doğruluğuna inandığım düşünceleri bile söylemiyorum.

Babam İstediği İçin Öğretmen Olacaktım...

Lise ikinci sınıfa geçtiğimde hiçbir sorunumun kalmadığını düşünüyordum. Ancak bu defa karşıma bambaşka bir sorun çıkmıştı. Lise ikide bir bölüm seçmeliydim. Seçtiğim alan sevdiğim mesleği elde etmemi kolaylaştıracaktı. Ben hareketli, canlı, kendi yeteneğime ve ilgilerime uygun bir meslek isterken babam edebiyat öğretmeni olmamı istiyordu. Beni okuldan alırlar korkusuyla babamın isteğini kabul ettim, Türkçe-Sosyal alanını seçtim. Çaresiz, bu alanı seçmek mecburiyetindeydim.

Şimdi hedefim; edebiyat öğretmeni olmak. Daha doğrusu babamın hedefi olduğu için edebiyat öğretmeni olmak. Nasıl bir edebiyat öğretmeni olacağımı bilmiyorum çünkü ben öğretmen olmayı istemiyorum ve kendi kararımla seçmedim. Kendi seçimim olan doktorluğu da babam istemedi.

Kendimi şöyle bir yokladığımda üniversite sınavını kazanacak düzeyde olmadığımı fark ediyorum. Arkadaşların çoğu bu bölümü isteyerek seçmiş ve sınavı kazanma kararını vermişler. Onlar şimdi üniversiteye doğru adım adım ilerliyorlar. Ben ise çok gerilerde kalmışım. Geriye dönüp baktığımda bildiğimi zannettiğim birçok konuyu ezberlemiş olduğumu ve onları kavramadığımı gördüm.

Şu anda her şey için çok mu geç, yoksa değil mi bilemiyorum. Bana yardımcı olacak tek kişinin siz olduğunu sanıyorum. Doğrusunu isterseniz tüm farklılığınıza rağmen bütün öğretmenlere olduğu gibi size de pek güvenemiyorum; çünkü ortaokul yıllarında sorunlarımı bir öğretmenime anlatmıştım. Bana yardımcı olacağını sanmıştım ama o, benim haberim olmadan anlattığım sorunu babamla konuşmuş. Ne büyük bir hayal kırıklığına uğramıştım. Eve gittiğimde babam evdeki sorunlarımı bir başkasına anlattığım için beni dövmüştü.

Şimdi bir öğretmenle konuşmaya, ona bir şeyler anlatmaya korkuyorum. Sizi de güveneceğim son kişi olarak görüyorum. Yani "Size başkalarından biraz daha fazla güveniyorum" demek istiyorum.

Mektubumu biraz fazla uzattığımı biliyorum ama öğretmenim bu güne kadar hiç kimseye böyle uzun bir mektup yazmamıştım. Önceleri sizinle mektuplaşan öğrencilere kızar ve **"Sanki yazacak ne bulurlar?"** diye düşünürdüm. Size yazmak ve sizin tarafınızdan anlaşılmayı beklemek bile güzel şeymiş. Bunu daha yeni anlıyorum. Üstelik bunu size daha tamamen güvenemeyen biri olarak yazıyorum.

Lütfen bana yardımcı olur musunuz öğretmenim?

Sevgilerimle...

Esin

İŞTE AİLELERİMİZ DE BÖYLE.
EL ÂLEME GÜZEL GÖSTERMEK
İSTEDİKLERİ ÇOCUKLARINA
EL ÂLEM YOKKEN ETMEDİĞİNİ
BIRAKMIYORLAR. ONLAR İYİ DESİN
DE VARSIN ÇOCUKLAR MUTSUZ
OLSUN KİMİN UMURUNDA?..

GÜVEN; KALPTEN KALBE GERÇEKLEŞEN BİR DUYGUDUR...

Esin, Merhaba Canım,

Selam ve sevgilerin en güzelini sunarak başlıyorum mektubuma.

İnsanın içindeki duygularını, düşüncelerini, kendisini rahatsız eden problemlerini, gelecekle ilgili hayallerini paylaşacağı bir arkadaşının, bir öğrencisinin, bir öğretmeninin ya da bir anne-babasının olması ne güzel, biliyorsun değil mi Esin? Öğrencilerim sorunlarını bana yazdıklarında, teneffüste gelip bir şey anlattıklarında ya da bir akşam telefon edip sevinçlerini paylaştıklarında çok seviniyorum. Hele de şu anda olduğu gibi oturup sizlere yazdığımda, benden olan bir şeyleri paylaştığımda çok mutlu oluyorum.

Nemli gözlerle üzgün bir yüz ifadesiyle yanıma gelen bir öğrenciyle konuştuktan sonra gözlerinin ışıldaması, yüzünün gülmesi, dudaklarının hafifçe yukarı doğru gerilmesi, öğrencinin yanımdan sevinçle ayrılması ne muhteşem bir olay! Velilerin, yolda karşılaştığımızda ya da telefon ettiklerinde **"Sağ ol hocam, bizim çocuk adam olmaya başladı. Her Salı sizin dersiniz olduğu gündür ve akşam soframızda hep sizin dersiniz konuşulur. Sadece çocuklarımızı değil, bizi de eğitiyorsunuz."** demeleri kadar insanı mutlu eden başka bir olay var mıdır bilmiyorum.

Bu kısa girişten sonra gelelim mektubuna:

Seni ilk defa bahçedeki dut ağacının altında görmüştüm. Bir sabah erkenden gelmiş ve oradaki bankın üzerine oturmuştun. Gözlerini sabit bir noktaya dikmiş, dalıp gitmiştin. Ben rastladığım öğrencilerle konuşuyor, onlara şakalar yapıyordum. Senin yanına gelince durdum. Bir süre seni seyrettim. Daldığın o düşüncelerinden seni alıkoymak istemedim. Belki çok önemli bir sorunun vardı ve onu düşünüyordun. Sana hiç seslenmeden yanından geçip gittim.

Bir dönem sonra ders programlarında değişiklikler yapıldı. Bahçede çok dalgın bir biçimde oturan sen de artık yeni sınıflarımdan birindeydin. Ben derse ilk girdiğimde herkesle tokalaşırken sen çok çekingen davranmıştın hatırlıyor musun?

Derslerde gülmek bir yana tebessüm bile etmiyordun. Bazen pencereden dışarıya bakarken gözlerin nemleniyordu. Derslere katılmıyor, parmakların havadan hiç inmediği, arkadaşlarının bir kere daha söz hakkı almak için ayağa kalkıp iki elini birden kaldırdığı çok ilginç tartışmalarda bile suskun kalmayı tercih ediyordun. Bunların farkında mıydın, bilmiyorum.

Bir gün, bir kerecik olsun konuşturmak için sana bir soru sormuştum. Sen birdenbire ayağa kalkmış ve hiçbir şey söylemeden bir süre beklemiştin. Sınıfta hiç kimse gülmediği ve senin konuşmanı beklediği hâlde sen aniden sınıfa dönmüş ve "Ne gülüyorsunuz, ortada gülecek bir şey mi var?" deyip oturmuştun. Ben de sana "Ama Esin hiç kimse gülmedi ki!" demiştim. Sen oldukça yüksek bir sesle "Hayır hocam, her zaman bana gülüyorlar, benimle alay ediyorlar." diyerek bana bağırmıştın. Ben biraz durduktan sonra "Esin, canını sıkan bir şey mi var?" diye sorduğumda, "Varsa var size ne, problemimi size mi anlatacaktım?" deyip beni terslemiştin. Seni üzen ciddi bir problemin olduğunu düşünüp susmuştum.

Bu olayların yaşandığı günü hatırladın mı canım?

Daha sonra da seninle birkaç defa konuşmak istedim ama sen bana pek yüz vermemiştin. Genel şeyleri konuşuyordun ama ben özel sayılabilecek şeyler sorduğumda cevap vermiyordun. Bunun nedenini sen mektup yazınca öğrendim.

Demek sorununu sana yardımcı olacağını düşündüğün bir öğretmenine anlattın, o da gidip ailene anlattı. Bunun üzerine baban, evdeki sorunları başkasına anlattığın için seni dövdü. Aman Allahım! O öğretmen kim bilmiyorum ama onun bu davranışından utanç duydum, iğrendim doğrusunu istersen.

Güven, Sözle, Yeminle, Yalvarmakla Olmaz...

Sen de onun bu davranışından sonra öğretmenlere güvenmiyorsun değil mi? Haklısın Esin. Ben olsam böyle bir olayı yaşadıktan sonra o öğretmene hiç güvenmem. "Bana güven Esin." diyemiyorum şimdi sana. Güven, sözle yeminle yalvarmakla olmaz. O, kalpten kalbe gerçekleşen bir duygudur. Kalbin sana en doğrusunu söyleyecektir. Bende de öyle davranışlar görürsen bunu hissedersen zaten ilk mektubun aynı zamanda son mektubun da olacaktır.

Bu konuda şuna dikkat çekmek istiyorum: Bir öğretmenin davranışını bütün öğretmenlere genellemen, onların hepsini aynı gözle değerlendirmen doğru değil. Psikoloji dersinde işlediğimiz **"genelleme"** konusunu hatırlıyorsun değil mi? Küçük çocuklar, beyaz önlüklü bir hemşire kendilerine iğne yaptıktan sonra gördükleri her beyaz önlüklüyü hemşire zannedebiliyorlar. Ya da yanan sobaya dokunan çocuk, daha sonra bir köşede gördüğü yanmayan bir sobanın da yandığını zannedebiliyor.

Ancak Esin, çocuklar biraz büyüdükten sonra her beyaz önlüklünün hemşire olmadığını, her sobanın yanmadığını fark edebiliyor. Buna da **"ayırt etme"** deniliyordu değil mi?

İşte canım, senin de sorununu anlattığın her öğretmenin bunu gidip ailene anlatmayacağını ayırt etmen gerekiyor.

"... Sizi de güvenebileceğim son kişi olarak görüyorum. Yani "Size başkalarından biraz daha fazla güveniyorum" demek istiyorum." diye yazmışsın ya buna sevindim. Güvenine teşekkür ederim.

Biz birçok şeyi hazır bulduğumuz bir toplumda, bir çevrede doğuyoruz. Doğduğumuz çevre bizim bireyliğimizi, farklılığımızı, üretkenliğimizi ve yaratıcılığımızı öldürmeyi amaç edinmiş sanki. Adımızı başkası belirler, dinimizi bize danışmadan nüfus cüzdanımıza yazarlar. Neyi, nerede, ne kadar ve nasıl öğreneceğimizi de başkaları belirler. Hatta gitmemiz gereken üniversiteyi, çalışmamız gereken mesleği de seçerler bizim adımıza. Evleneceğimiz kişiyi seçip onu bize dayatanlar bile olur. Neredeyse nasıl nefes alacağımıza da karışacaklar bizim **"en akıllı, en bilgili, en iyi, en anlayışlı, en .... , en ...."** olan büyüklerimiz.

Bebeklerin kundaklandığını bilirsin değil mi? Bebeklerin neden kundaklandığını sorduğumda bana onların sağlıklı bir şekilde gelişmesi, vücutlarının düzgün olması için diyorlar ama bu cevap bana pek inandırıcı gelmiyor. **"Acaba bebeklerin bile özgürce hareket etmelerine dayanamadığımız için mi onları kundaklara sarıyoruz?"** diye düşünmekten kendimi alamıyorum.

"En ...." olan büyüklerin koyduğu anlamsız kurallar insanın doğallığını bozuyor. Onun huzurlu ve mutlu olmasına engel oluyor. Hâlbuki büyükler o kuralları daha iyi işleyen bir toplum düzeni sağlamak için koyuyor. Kurallara uymayan ya da özellikle bilerek uymayan insanlarsa hayata küsüyor, içlerine kapanıp kendilerini toplumdan soyutluyorlar. Senin dediğin gibi insanların içinde olan o mutlu çocuklar ölüyor ya da kimsenin bilmediği yerlerde can çekişiyor. Ben bunun cinayetten farklı olmadığını düşünüyorum.

Toplum; düşünen, farklı düşünceler üreten, kuralları sorgulayan bireyler yerine, kendisinin belirlediği şablonlara uyan, itaatkâr, topluma uymaktan başka bir şey düşünmeyen bireyler yetiştirmeyi istiyor. Üzülerek ifade etmeliyim ki bunu da büyük ölçüde başarıyor. Evet canım, bizim büyüklerimiz, farklılıklarımızı, yeteneklerimizi tanıyıp onları geliştirmek yerine, bizi toplumun istediği şekilde davranan uysal birer insan olarak yetiştirmek istiyorlar. Bu isteklerini gerçekleştirmek için ellerinden gelen her türlü çabayı gösteriyorlar.

Maşallah! Pek de Marifetliymiş...

Bir genç kızı, özellikle de kırsal bölgelerde yetişen bir kızı düşün. İlkokuldan mezun olduktan sonra çeyizini hazırlamaya başlıyor. 19–20 yaşlarına kadar yaklaşık 7–8 yıl göz nuru dökerek işlemeler yapıyor, danteller örüyor, vitrin takımları, dolap örtüleri, kırlent yüzleri işliyor. Belki de bu yaptıklarını ömründe bir kere bile kullanmıyor. Anneannem sandığındaki bazı işlemeleri anneme vermiş. Annem de onları hiç kullanmadan sandığına koymuş. Sonra onları gelinlerine verdi. Gelinleri de çocuklarına vermek için yine sandığa kaldırdılar. Çocuklarına da şöyle dediler: **"Bak kızım, ben bunları senin için sandığa saklıyorum. Sen de çocuklarına vermek için kendi sandığına saklarsın."**

Aman Allahım! Hiç Kullanmadan Neredeyse Kıyamete Kadar Sürecek Bu Miras...

Peki, bunlar niçin yapılıyor biliyor musun Esin? Gelin almaya gelindiğinde çeyizi sergilenir. Komşular, misafirler gelip gelinin hazırladığı çeyize bakarlar. Sonuçta söyledikleri iki söz vardır: Ya **"Maşallah, pek de marifetliymiş."** ya da **"Annesi hiç de iyi bir kız yetiştirmemiş, yaptıklarına çeyiz demeye bin şahit ister."** derler.

Sadece **"Pek de marifetliymiş."** sözünü duyabilmek için bir genç kızın 7–8 yılını heba etmesine değer mi Esin?

Sonuçta vitrin çok güzel ama arkada kalan depo çok berbat. Ele güne karşı güzel görünmek için komşudan ödünç alınan çeyizler bile oluyor.

İşte ailelerimiz de böyle. El âleme güzel göstermek istedikleri çocuklarına el âlem yokken etmediğini bırakmıyorlar. Onlar iyi desin de varsın çocuklar mutsuz olsun kimin umurunda?..

"Peki, buna değer mi öğretmenim? Toplum veya toplumun kuralları, içi nefretle dolmuş bir gencin o güzelim yıllarını geri getirebilecek mi?" diye sormuşsun. Getirmeyecek canım, elbette getirmeyecek.

Bunu bildiğimiz için bizler, sizler, hepimiz artık bir köşede oturup ölümü beklemeyeceğiz; gençliğimizi, en verimli çağımızı, bize danışılmadan oluşturulan o anlamsız kuralların kucağına teslim etmeyeceğiz.

Biliyorum canım, bu zor. Ancak biz kendimiz olmaya, kendimizi yaşamaya karar verdikten sonra bize kim engel olabilir ki?

Mehmet Akif ne güzel söylemiş:

"Ben ezelden beridir hür yaşadım, hür yaşarım,
Hangi çılgın bana zincir vuracakmış şaşarım.
Kükremiş sel gibiyim bendimi çiğner aşarım,
Yırtarım dağları, enginlere sığmam taşarım."

"Hangi çılgın bizim özgürlüğümüzü, kişiliğimizi, düşünen aklımızı alacakmış?" diye kükremeliyiz Esin.

Evet; bunun yolu okumaktan, kendini yetiştirmekten, bilgili olmaktan geçiyor. Çünkü bilgi güçtür. Bu gücü elinde bulunduran, diğer bütün güçlere de sahip olabiliyor. Canımızı dişimize takıp tüm imkânsızlıklara rağmen o güce ulaşmaya çalışmaktan bir saniye bile geri durmamalıyız.

Canım benim, mektubumu burada noktalamak zorundayım. Mektubunda dile getirdiğin diğer konuları bir dahaki sefere yazacağım. Sen bu arada yazmaya devam et.

Gönül Bahçemin sevgili bir çiçeği olan sana da "Kervanımıza Hoş geldin canım." diyorum. Bu bahçede her çiçeğin kendi renginde açması için ona her türlü özen gösterilir, bunu unutma lütfen.

Sevgilerimi sunuyorum.

Alişan

BAŞARISIZLIK TEMBELLİKTEN
KAYNAKLANMIYOR ÖĞRETMENİM.
ÇOK ÇALIŞTIĞI HÂLDE EVDEKİ
SORUNLARIN ALTINDA EZİLDİĞİ,
ARADIĞI SEVGİYİ EVİNDE
BULAMADIĞI, EN BASİT SORUNLARINI
BİLE KİMSEYLE KONUŞAMAYIP İÇİNDE
BİRİKTİRDİĞİ İÇİN ZAYIF NOTLAR
ALAN BİRKAÇ ARKADAŞIM DAHA
VAR. NE YAZIK Kİ SİZLER ONLARI
TANIMIYORSUNUZ BİLE.

VEDAT'IN MEKTUBU

Derslerime Çok Çalışıyorum Ama Bir Türlü Başarılı Olamıyorum

Değerli Öğretmenim,

Biliyor musunuz, ben hemen hemen her gün size mektup yazarım. Kimseye anlatamadığım sorunlarımı anlatır, kimseyle paylaşamadığım duygularımı dile getiririm. Sonra o mektubu alıp yanınıza geldiğimde onu size vermekten vazgeçer ve yırtarım.

Bugün dut ağacının altında sizinle biraz konuştuktan sonra bir daha yazmaya ve yazdığımı size getirmeye karar verdim. Birçok arkadaşımızın olduğu gibi benim de kendime göre bazı sorunlarım var. Hem de bana göre çok büyük olan sorunlar. Belki şimdi yazacaklarımın basit şeyler olduğunu düşünebilirsiniz, ama unutmayın onlar benim için çok önemli. Umarım bana da yardımcı olursunuz.

Evimizde beni sürekli olarak kısıtlayıp "Televizyon seyretmeyeceksin, müzik dinlemeyeceksin, çarşıya gidip dolaşmayacaksın, derslerinin başından kalkmayacaksın!" diyen bir ailem yok. Bu konularda oldukça rahatım.

Benim en büyük derdim, derslerimdeki başarısızlığım. Derslerime çalışıyorum, öğretmenlerimi dinlemeye gayret ediyorum ama olmuyor hocam, başaramıyorum. En kötü olanı da ne biliyor musunuz? İçimde anneme karşı bir suçluluk hissediyorum. Ben annemi düşünebileceğinizden daha çok seviyorum. Derslerimdeki başarısızlık ve anneme karşı içimde hissettiğim bu suçluluk duygusu beni çıldırtıyor. Bazen kendimden nefret ediyorum. Babamı annem kadar çok sevmiyorum. Babam bize, annem kadar iyi ve anlayışlı davranmıyor. Geçenlerde bir akşam hep beraber televizyon izliyorduk. Başka bir kanalı izlemek istediğim için bana kızdı, bir de tokat attı. Bu çok zoruma gitti ve saatlerce ağladım. O gün, konuşacak birine o kadar çok ihtiyaç duydum ki bilemezsiniz. Ben bu sorunlarımı aileme anlatamıyorum, onlarla paylaşamıyorum. Arkadaşlarıma ise hiç anlatamıyorum çünkü onlar da hemen hemen aynı sorunları yaşıyorlar. Onlar da benim gibi bunalıyor ve konuşacak birini bulamıyorlar. Bir de arkadaşlarım dış görünüşüme bakıp benim sorunsuz biri olduğumu zannediyorlar.

Kendimi Hiç Hesaba Katılmayan Çok Değersiz Biri Gibi Görüyorum...

Ben her ne kadar gülsem de arkadaşlar benim mutlu olduğumu zannetseler de mutlu değilim. Kendimi unutulmuş, bir köşeye atılıp hiç önemsenmeyen, hesaba katılmayan biri gibi görüyorum sürekli. Bundan kurtulmak için ne yapacağımı bilmiyorum. Şimdi lise birinci sınıftayım. Sınavlara girmeme daha üç yıl var. Ben buna rağmen üniversite sınavlarını kazanamayacağımı düşünüp karamsarlığa kapılıyorum. "Nasıl olsa kazanamayacağım." deyip her şeye boş veriyorum.

Annem beni çok seviyor. Buna rağmen bazen o da tuhaflaşıyor. Arkadaşlarımla dışarıda konuşmama izin vermiyor, onların tipinden hoşlanmadığını, telefonda kiminle konuştuğumu, neler konuştuğumu, neden bu kadar uzun konuştuğumu sorup duruyor. Bazen izin almak için uzun süre uğraşmam gerekiyor. Sizin ailemle tanışmanızı istiyorum, lütfen bir gün bize gelir misiniz?

Bir de ben birisiyle konuşurken hemen ağlayıveriyorum. Bu mektupta yazdıklarımı sizinle konuşsaydım hüngür hüngür ağlardım. Ağlamaktan da hiçbir şey anlatamazdım. Bu durumdan da kurtulmak istiyorum.

Belki size bu yazdıklarım çok basit ve saçma ama bunlar benim için çok önemli. Hayatımı hep bu sorunlar etkiliyor. Bunları size yazmak, sizinle paylaşmak bile çok önemliydi benim için. O kadar çok işiniz arasında fırsat bulup bana cevap yazamasanız bile size kırılmayacağım çünkü biliyorum, size mektup yazan sadece ben değilim. Üstelik ben sadece size yazarken, siz birçok öğrencinize yazıyorsunuz. Kısıtlı olan zamanınızı mektubumu okumaya ayırdığınız için şimdiden çok teşekkür ederim.

Durun bir dakika, bir şeyler daha söylemek istiyorum: Öğretmenim, ailemizdeki huzursuz ve mutsuz ortam beni çok olumsuz etkiliyor. Bazen annemle babam tartışıp uzun süre konuşmuyorlar. Aynı evde oturuyorsunuz, aynı televizyonun karşısına geçiyorsunuz ama birbirinizle konuşmuyorsunuz... Bu çok sıkıcı ve bunaltıcı bir durum.

Biz arkadaşlarımızla küstüğümüz zaman büyükler bize **"Sizin bu yaptığınız çocukluk!"** diyorlar. Biz küstükten biraz sonra barışıp oyunumuza devam edebiliyoruz ama onlar küslüklerini devam ettirmede bizden daha çocukça davranıyorlar.

Aile içi tartışmaların, kavgaların, ailedeki sevgisiz ilişkilerin, soğuk ortamın küçük kardeşlerimi ne kadar olumsuz etkilediğini tahmin edebiliyorsunuz değil mi öğretmenim? Daha okula bile gidemeyecek kadar küçük olan kardeşlerim evde kavga içinde büyüyorlar. Kim bilir bu olaylar gelecekte onları nasıl etkileyecek? Şimdi öğretmenim, haydi gelin de böyle bir ortamda başarılı olun. Bence böyle bir ortamda hiçbir öğrenci başarılı ve mutlu olamaz.

Ben derslerime çalışmak için masamın başına oturuyorum, tam çalışmaya başlayacakken öbür odadan kavga sesleri geliyor. Annemle babam birbirlerine bağırıp duruyorlar. Babam kapıyı çarpıp kahveye gidiyor. Annem oturup ağlıyor, babama beddualar ediyor. Kardeşlerim ise bir köşeye sinip oturuyor, sonrasında da korkudan oracıkta uyuyup kalıyorlar. Ben de masamın başında dalıp gidiyorum. Bazen annemle babam kavga etmiyorlar ama benim kulağıma yine de onlar kavga ediyormuş gibi sesler geliyor. Daha önceki bağırmaları, birbirlerine karşı söyledikleri kötü sözler kulağımda çınlıyor âdeta.

Ben Mutlu Bir Ailede Yaşamak İstiyorum...

İnşallah bir gün bunlar biter de ben, annem, babam ve kardeşlerim huzura kavuşur, mutlu bir şekilde yaşarız. O zaman ben derslerimde daha başarılı olabilirim değil mi öğretmenim? Başarılı olmak istiyorum çünkü ben okumak ve bir meslek sahibi olmak istiyorum.

Son olarak şunu söylemek istiyorum: Sizin haberiniz yok ama benim durumumda olan yani ailesinde huzursuzluk yaşayan öğrencilerin sayısı çok. Biz ailemizde arayıp da bulamadığımız sevgi, ilgi ve şefkati öğretmenlerimizden bekliyoruz. Öğretmenlerimizin bunu unutmaması gerekiyor.

Başarısızlık tembellikten kaynaklanmıyor öğretmenim. Çok çalıştığı hâlde evdeki sorunların altında ezildiği, aradığı sevgiyi evinde bulamadığı, en basit sorunlarını bile kimseyle konuşamayıp içinde biriktirdiği için zayıf notlar alan birkaç arkadaşım daha var. Ne yazık ki sizler onları tanımıyorsunuz bile.

Size yazdığım için çok rahatladım. Mektubumu okuduğunuz için tekrar teşekkür ediyorum.

Saygılarımla...

Vedat

BAŞARISIZLIK, ÖĞRENCİNİN BEYNİNİN YETERSİZ OLUŞUNDAN, ÖĞRETMENİN DERSİ ANLATAMAYIŞINDAN YA DA DERSİN ZORLUĞUNDAN KAYNAKLANMAZ ÇOĞU ZAMAN. GENELLİKLE ÖĞRETMENİN "DERS ANLATMA" YÖNTEMİYLE ÖĞRENCİNİN "DERS ANLAMA" YÖNTEMİNİN UYUŞMAMASINDAN KAYNAKLANIR.

KENDİMİZ HAKKINDA NE DÜŞÜNÜRSEK ÖYLE OLURUZ...

Vedat, Sevgili Arkadaşım,

En güzel selamlarımı ve en içten sevgilerimi sunarak başlıyorum mektubuma.

Doğrusunu istersen bana her gün mektup yazıp da onu bana vermeden yırtmana şaşırdım. Sanırım okula bu yıl geldiğim ve sen beni yakından tanımadığın için böyle yaptın. Eğer o mektupları bana getirseydin elimden geldiği kadar sana yardım etmeye çalışırdım.

Artık aramızda bir diyalog başladı Vedat. İnşallah bu diyalog sağlıklı bir iletişimi de getirir beraberinde. İletişim sağlandıktan sonra çözülemeyecek problem yok gibidir. Bir sorunun çözülemeyecek olmasının anlaşılması bile onun olumsuz etkilerini azaltır, onu hemen hemen sorun olmaktan çıkarır.

Temmuz ve Ağustos aylarında öğrencilerimden 68 tane mektup aldım ve hepsinin de cevabını yazdım. Yazdığım mektupların öğrencilerden önce bana yararı oluyor, biliyor musun? Farklı kişilerin farklı dünyalarıyla karşılaşıyorum. Onların duygularını, düşüncelerini anlamaya çalışıyor, sorunlarını paylaşarak kendileriyle birlikte çözüm yollarını arıyorum. Daha doğrusu sorunlarını nasıl çözebileceklerini göstermeye çalışıyorum.

İstersen sözü daha fazla uzatmadan senin mektubuna gelelim:

"Birçok arkadaşımın olduğu gibi benim de kendime göre bazı sorunlarım var, hem de çok büyük sorunlar. Belki yazacaklarımın basit şeyler olduğunu düşüneceksiniz ama unutmayın onlar benim için çok önemli."

Dünyada sorunsuz insan var mıdır ki Vedat? İster büyük, ister küçük olsun dünyadaki bütün insanların mutlaka bir sorunu vardır. Her sorunun çözümü yeni bir sorunu da beraberinde getiriyor. Çok basit bir örnek vereyim: Ulaşım sorununu çözmek için araba yapılıyor. Arabanın çalışması için petrole ihtiyaç duyuluyor. Petrol kullanılınca bu defa hava kirliliği sorunu ortaya çıkıyor. Bu böyle sürüp gidiyor...

Bir de **"basit sorun"** ya da **"önemli sorun"** diye nitelendirilen sorunlar var. Elbette ki sorunların önemi kişiden kişiye değişir. Her sorun kendi ortamında değerlendirilmelidir. Her gün dayak yiyen bir çocuk için bir tokadın pek de önemi yoktur ama hiç dayak yememiş bir çocuk için bir azar bile ne büyük bir sorundur değil mi?

Ailesiyle konuşamamak bir öğrenci için hiç dert edilmeyecek bir sorunken başka bir öğrenci için çok önemli bir sorun olabilir. Bu yüzden diyorum ki; her sorun onu yaşayan kişiye göre bir anlam ifade eder. Senin yazdığın sorunlar hakkında bir başkasının ne düşündüğü hiç önemli değil, çünkü bunları sen yaşıyorsun.

Bana yazan öğrencilerin hemen hemen hepsi, başkalarının sorunlarını basit olarak görebileceğini ancak bu sorunların çok önemli olduğunu ifade ettiler. Aslında bazı sorunlar, insanlığın ortak sorunu ve bunlar hemen her evde, her ailede yaşanıyor. Birçok kimse birbirinden habersiz aynı sorunu yaşıyor.

Sizin evde yaşanmadığını yazdığın "TV izleme, müzik dinleme, gezmeye gitme, ders çalışma..." gibi meselelerin birçok evde çok ciddi sorunlar olarak yaşandığını, öğrenciyle ailesinin ilişkisini tamamen bozduğunu biliyor musun? Bu sorunlar yüzünden okulunu bırakan, evden kaçan, ailesine düşman olan hatta intihar girişiminde bulunan öğrencilerin sayısı hiç de az değil. Sen bu sorunları yaşamadığın için şanslısın. Ailene bu konuda teşekkür etmelisin.

"Benim en büyük sorunum derslerimdeki başarısızlığım." diyorsun mektubunda.

Başarısızlık, Öğretmenin Ders Anlatma Yöntemiyle Öğrencinin Ders Anlama Yönteminin Uyuşmamasından Kaynaklanır... Başarısızlık, öğrencinin beyninin yetersiz oluşundan, öğretmenin dersi anlatamayışından ya da dersin zorluğundan kaynaklanmaz çoğu zaman. Genellikle öğretmenin **"ders anlatma"** yöntemiyle öğrencinin **"ders anlama"** yönteminin uyuşmamasından kaynaklanır.

Her öğretmenin bir ders anlatma biçimi, her öğrencinin de bir ders anlama biçimi vardır. Bir öğretmen dersini formülle karşılıklı konuşmayla ya da uygulamayla işleyebilir. Bir öğrenci de dersi bu yollardan biri veya birkaçıyla anlayabilir. Eğer senin dersine giren öğretmenler, bu yöntemlerden sadece biriyle ders anlatıyorsa ve bu yöntem de senin ders anladığın yöntem değilse o zaman sınıfta başarısız olacaksın. Onun için sen her şeyden önce ders anlama yöntemini belirlemeli ve bunu da öğretmenine söylemelisin. Öğretmen senin nasıl ders anlayacağını bilirse o şekilde anlatır ve sorun kalmaz. O zaman başarısızlık söz konusu olamaz.

"Derslerime çalışıyorum, sınıfta öğretmenlerimi dinliyorum ama olmuyor hocam, başaramıyorum." diyorsun. Derslerine çalıştığın, öğretmenini dinlediğin hâlde başarısız oluşunun bir nedeni de evdeki sorunlar olamaz mı Vedat? İnsan beyni genelde bir anda sadece bir noktaya odaklanabilir, dikkatimizi aynı anda birden fazla duruma veremeyiz. Yani hem öğretmeni, hem de yanımızdaki arkadaşımızı aynı anda dinleyemeyiz. Zihnimizde bizi çok rahatsız eden, mutsuzluğumuza neden olan sorunları düşünürken kendimizi derslere verebilir miyiz sence? Bir sandalyede aynı anda iki kişi rahat bir şekilde oturamaz. Hadi oturdu diyelim, birbirlerini rahatsız etmemeleri imkânsızdır. Beynimizde aynı anda iki düşünce olamaz. Ders sırasında evdeki tartışmalar, küslükler, beddualar beyninde canlanıyorsa o dersi anlaman hatta dinlemen imkânsızdır.

Belki söylemesi kolay ama dersleri kavrayabilmek için okula giderken aile sorunlarını evde bırakmak, evde de onları çalışma odasının kapısından içeri sokmamak gerekiyor.

Annene karşı kendini neden suçlu hissettiğini anlamadım. Hem bunun yersiz olduğunu düşünüyorum; çünkü annen senden kapasitenin üzerinde bir başarı beklemiyor ki!

Yapamadıklarımıza üzülmek, bize hiçbir şey kazandırmaz. Bazen o kadar üzülürüz ki yapabileceklerimizi bile ihmal ederiz. Hâlbuki bizler yapamadıklarımıza üzülmek yerine, yaptıklarımıza ve yapabileceklerimize sevinmeyi öğrensek herhâlde çok daha mutlu olurduk.

"Kendimi dışlanmış, unutulmuş, bir köşeye atılıp hiç önemsenmeyen, hesaba katılmayan değersiz biri gibi görüyorum." diyorsun. Peki, ama neden? Hayır, hayır! Sen kendine haksızlık ediyor ve kendini önemsiz görüyorsun. Biliyor musun, bu olumsuzluğu da kendin yaratıyorsun. Başkaları seni böyle gördüğü, sana aldırış etmediği için değil; sen kendinin farkında olmadığın için böyle düşünüyorsun.

Unutma canım, kendimiz hakkında ne düşünürsek öyle oluruz. Hani derler ya **"Bir adama kırk defa deli dersen deli, veli dersen veli olurmuş."** Sen de kendi hakkında ne diyorsan öyle olursun. Şimdi ben seni önemsiz biri olarak görüp dışlasaydım seni hesaba katmasaydım sana cevap yazar mıydım? Yazdığıma göre seni önemsiyorum, seni hesaba katıyorum. Benim için önemli ve değerli olan sen, ailen için çok daha önemli ve değerlisin. Bunu unutma lütfen, olur mu canım?

Aynı olumsuz düşünceyi üniversite sınavları hakkında da oluşturmuşsun kendinde. Sen daha lise birinci sınıftasın, sınava girmene üç yıl var. Daha şimdiden kazanamayacağını düşünüp karamsarlığa kapılmışsın. Bu geçici bir durumdur Vedat. İnanıyorum ki bu karamsar havayı dağıtacak ve kazanmak umuduyla çalışmaya başlayacaksın. Beni mahcup etmeyeceksin değil mi? E hadi göreyim seni.

"Babamı annem kadar çok sevmiyorum çünkü o bize annem kadar iyi ve anlayışlı davranmıyor. Annem beni çok seviyor. Buna rağmen bazen o da tuhaflaşıyor..." diyorsun mektubunda.

Onların Bizi Anlamasını Beklemek Yerine Biz Kendimizi Anlatsak Nasıl Olur?...

Evet, haklısın canım, annen seni seviyor. Unutma, baban da seni seviyor. Toplumumuzda babalar, çocuklarını çok sevdikleri hâlde bu sevgilerini pek gösteremezler. Bir takım geleneklerin etkisinde kalarak sevgilerini gizli tutarlar. Bu konuda anneler biraz daha rahattırlar.

Şunu unutmamalıyız ki bizleri çok seven anne-babalarımız da birer insandır. İnsanın psikolojik durumu her zaman aynı olmayabilir. Yani; insan bazen iyi bazen kötü, bazen sinirli bazen kızgın, bazen mutlu bazen üzüntülü olabilir. Bu durumlarda tepkileri de farklı olabilir. Bu yüzden onları tek bir davranışlarıyla değerlendirmek asla doğru olmaz.

Bir de anne-babamız bizi çok sever ama sevgisini nasıl göstereceğini bilmez; ya da bizi anlamak ister ama anlayamaz. Anladığı şekilde davranmaya kalkınca bizim hoşumuza gitmeyen sorunlar ortaya çıkabilir. Diyorum ki Vedat, böyle durumlarda biz onları anlamaya çalışsak acaba nasıl olur?

Anne-babamız ister istemez yaşadığı çevreden etkileniyor. Bizim toplumumuzda da genellikle kötü etkileşimler vardır. İnsanlar nedense olumsuzlukları ön plana çıkarıyorlar. Anne babalar da duydukları, gördükleri olumsuzluklardan korkup çocuklarını korumak için aşırı bir titizlik gösteriyor. Elbette ki hiçbir anne-baba çocuğunun kötü olmasını istemez. Ancak çocuğuna iyilik yapmak isterken farkında olmadan onun kötülüğüne neden olabilir.

Şunu bir daha vurgulamak istiyorum: Annenle baban seni çok seviyordur da sevgisini sana nasıl göstereceğini bilmiyordur, büyüklerinden gördüğü şekilde davranıyordur. Şimdi sana soruyorum Vedat: Sen hiç oturup annenle babanla konuştun mu, sana neden böyle davrandıklarını sordun mu, kendilerini anlamaya çalıştın mı?

Bu soruların cevabını bana değil de bir akşam yatağına uzandığında kendine vermeye çalışır mısın lütfen? Annenle babanı daha iyi anlayıp onlarla olan iletişimini daha sağlıklı bir hâle getirmen için bu soruları kendine sorup cevaplarını da yine kendine vermeye çalışacaksın anlaştık mı? ("Evet, anlaştık öğretmenim" dediğini duyar gibi oluyorum.)

"Ben sorunlarımı aileme anlatamıyor, onlarla paylaşamıyorum. Hele arkadaşlarıma hiç anlatamıyorum. Ben her ne kadar gülsem de arkadaşlarım benim mutlu olduğumu zannetseler de ben mutlu değilim." diye yazmışsın.

Bak canım, insanın duygu ve düşüncelerini açıklamayıp içine atması kendisine yapabileceği en büyük kötülüktür. Bu konuda geçenlerde okuduğum bir söz ne güzeldi:

"Dile getirilmeyen duygular asla kaybolmaz; onlar diri diri gömülürler, ta ki çok daha zararlı bir biçimde yeniden ortaya çıkıncaya dek bekler dururlar içimizde!.."

Çok doğru bir söz değil mi? İnsan konuşmadıkça sıkılır, bunalır ve içi daralır. Öyle bir noktaya gelir ki aniden patlayıverir. Ailene ve arkadaşlarına anlatamadığın sorunların, seni oldukça rahatsız ediyor. Bu yüzden de mutlu olmadığını söylüyorsun. Çok rica ediyorum Vedat, konuş insanlarla. Bak, bana yazdıktan sonra rahatladın değil mi? Benim cevabımı alıp okuduktan sonra daha çok rahatlayacaksın. Eğer konuşmazsan yazmazsan anlatmazsan içindeki duygular, beynindeki düşünceler durgun bir su gibi kirlenir ve kokar; bu da seni rahatsız eder. Seninle birlikte çevrendekileri de tabi ki. Anlatırsan tertemiz akan pırıl pırıl bir su gibi billurlaşır, netleşirsin.

Birisiyle konuşurken hemen ağlaman, içinde bulunduğun aile ortamından ve gençliğe geçişteki hassas durumundan kaynaklanıyor sanırım. Ailendeki durumlar seni oldukça etkilemiş. Bir de gençlik çağının başında olmanın yarattığı hassasiyet seni buna itiyor. Bu geçici bir durumdur. Bundan sonra seni sınıfta sık sık kaldırıp konuşturacağım. Korkma, hemen öyle zor konuları anlattıracak değilim. Senden, sana çok basit gelecek şeyler anlatmanı isteyeceğim. Kendini birazcık buna hazırla. Grup içindeki konuşmalarını birazcık daha artırsan sorun kolayca çözülecektir.

Mektubunun ortasına doğru **"Belki bu yazdıklarım size göre basit ve saçmadır ama bunlar benim için çok önemli. Hayatımı hep bu sorular etkiliyor."** diye kendi hakkındaki olumsuz düşüncelerini yeniden dile getirmişsin. Ben de yeniden yazıyorum ki senin mektubun benim için de çok önemliydi, neden önemsiz olsun ki? Bir öğrencinin kendi hayatını etkileyen sorunları yaşaması, bu sorunları bir öğretmenine yazarak onunla paylaşması, ondan yardım istemesi, öğretmenin de o sorunlarla ilgili düşüncelerini yazması önemsiz değil, tam tersine çok önemli bir olaydır. Sahi sen öğretmen olsaydın senin yazdığın mektubu ben sana yazsaydım yazdığım sorunları önemsiz ve saçma bulur muydun?

Başkalarının seni önemsemesini istiyorsan önce sen kendini önemsemelisin; başkalarının sana değer verip seni sevmesini istiyorsan önce sen kendine değer verip kendini sevmelisin. Hemen şimdi, bugüne kadar üzerinde taşıdığın kendine güvensizlik elbisesini çıkarıp fırlatıyorsun, hayalinde var olan "unutulup bir köşeye atılmış, hesaba katılmayan kişi" düşüncesini de terk ediyorsun, tamam mı canım? ("Evet, tamam öğretmenim")

Bizim Evde Bana Kalkan Her El, Yüzüme Bir Tokat Olarak İndi...

"Aile içi tartışmaların, kavgaların, evdeki sevgisiz ilişkilerin kardeşlerimi nasıl etkilediğini düşünebiliyorsunuz değil mi Öğretmenim?" demişsin mektubunda.

Elbette, elbette ki tahmin ediyorum. Bu durum çocuklarda kendine güvensizliğe, çekingenliğe, içe kapanıklığa ve mutsuzluğa neden oluyor. Bir keresinde, derste bir öğrenciyi sevmek için ellerimi yüzüne uzattığımda, o öğrenci arkadaşına yaslanarak, ellerini siper eder gibi bana doğru uzattı. O anda çok şaşırmıştım. Sonra kendisiyle konuştum, neden böyle yaptığını sordum. Verdiği cevabın etkisinden uzun süre kurtulamadım o zaman: "Özür dilerim Öğretmenim. Bugüne kadar bizim evde bana kalkan her el, yüzüme bir tokat olarak indi. Siz de ellerinizi kaldırınca bana vuracağınızı sandım."

Bunu sen de yazmışsın zaten. Diyorsun ki, **"... Bense masamın başında dalıp gidiyorum. Bazen annemle babam kavga etmedikleri hâlde benim kulağıma onlar kavga ediyormuş gibi geliyor. Daha önceki bağrışmaları, birbirine karşı söyledikleri kötü sözler kulağımda çınlıyor âdeta."**

Biliyor musun Vedat, bu mektubunla sen de bana katkıda bulundun. Aile içi tartışmaların çocukların yanında yapıldığı takdirde onları çok olumsuz etkilediğini hatırlattın bana. Tartışma kaçınılmazsa bunun çocukların bulunmadığı bir ortamda yapılması gerektiğini hatırlattın. Mektubumu okurken ben de çocuklarımı ve onlara olan davranışlarımı yeniden gözden geçirdim. Biz tartışırken onların korkudan bir köşede büzüldüğünü, birbirine sarılıp uyuyakaldığını, korkunç rüyalar görerek uyandıklarını düşündüm. İçim titredi o an...

Ailelerde yaşanan sorunların en önemli nedeni; iletişimsizliktir. Anne ile baba arasında ya da anne-baba ile çocuklar arasında bir diyalog yoksa iletişim kurulamıyor. Bunun sonucu olarak da insanlar kendilerini ifade edemiyorlar. İfade etseler bile yanlış anlaşılıyorlar.

Anneler ya da babalar birbirlerini suçlayacaklarına, birbirlerine bağırıp çağıracaklarına oturup karşılıklı konuşsalar ne kadar güzel olurdu, değil mi Vedat? İnanıyorum ki o zaman birçok sorun daha çabuk ve daha kolay çözülebilirdi. Şimdi sen bana mektup yazmasaydın belki de seni tembel, sorumsuz ve başarısız biri olarak değerlendirecektim. Mektubun aramızda bir diyalog başlattı. İnşallah bundan sonra iletişimimiz gelişecek ve aramızda güçlü bir dostluk köprüsü oluşacak.

Mesajını buradan herkese iletiyorum. Bir öğretmen olarak önce kendime diyorum ki: Kendim, çevrem, okulum ve öğrencilerimle ilgili sorunları güzel bir diyalog ve sağlıklı bir iletişimle çözmeye gayret edeceğim.

Haydi, sevgili anne-baba, saygıdeğer öğretmenim, canım öğrencim, hep birlikte, herkesle konuşmaya, anlaşmaya var mısınız?

Şimdilik bu kadar canım. Her konuda yazmanı bekliyorum.

Hoşça kal.

Sevgilerimi sunuyorum.

Alişan

SON SÖZ

Sevgili Okuyucum,

Bu mektupları öğrencilerimden izin alarak yayımladım. Mektuplardaki ifadeler öğrencilerin kendi ifadeleridir. Ben, sadece yazım ve noktalama yanlışlarını düzelttim.

Öğrencilerin isteği üzerine isimlerini değiştirdim.

Bu mektupları, kitabımı yazmaya başladığım güne kadar bana gelen yaklaşık 6000 mektubun arasından seçtim. Diğer mektupları ve onlara yazdığım cevapları da ileride yayımlamayı düşünüyorum.

Bugüne kadar bizi hep başkaları anlattı. Bizim adımıza hep bizim dışımızdakiler konuştu. Kendimizi, başkalarının bizim hakkımızda yazdıklarında aradık. Peki, bulduk mu?

Haydi, sevgili okuyucum, kendi kitabımızı kendimiz yazalım. Bu mektupları okuduktan sonra neler hissettiniz, neler yaşadınız? Bunları benimle ve diğer okuyucularımla paylaşmak ister misiniz?

E haydi hemen yazın öyleyse.

İster kendi yaşadıklarınızı yazın, isterseniz çevrenizde yaşanılanları. Bu kitapta okuduğunuz mektuplara da cevap yazabilirsiniz. Bana yazdığınız mektuplara bir dahaki kitapta cevap alacaksınız.

Sizleri de masama davet ediyor ve gecenin sessizliğinde yüreğimi, düşüncelerimi sizlere açıp sohbet etmek istiyorum.

Sınıfımızı, okulumuzu, çevremizi, şehrimizi, ülkemizi, daha doğrusu dünyamızı rengârenk çiçeklerden oluşan bir bahçeye çevirmeye var mısınız?

Haydi, siz de kendi renginizde açan bir çiçek olarak gelin bu bahçeye...

Alişan KAPAKLIKAYA

alisanim@yahoo.com

Mektup adresi: P.K.40 Yenişehir ANKARA

TEŞEKKÜR

Ayaklarımın donmak üzere olduğu bir kış akşamı, lapa lapa yağan karın altında, Bağlarbaşı otobüs durağında, çaresizlik içinde kime gideceğimi düşünürken **"Haydi gel, bende kal."** deyip küçücük odasını benimle paylaşan Adilim, sana;

Ruhuma işleyen sözleri ve örnek davranışlarıyla bana harika bir model olan, lisede yolumu aydınlatan ve hâlâ aydınlatmaya devam eden güzel insan Mustafa Ağırman Hocam, sana;

Yaptığı çok ilginç ve doyurucu derslerle beynimdeki zincirleri çözüp özgürce düşünebilmemi, kendime güvenmemi sağlayan Ali Murat Daryal Hocam, sana;

Daha ilk gün istifa etmek için geldiğim okulda gerçek bir yöneticilik örneği sergileyip beni bu kararımdan vazgeçiren, Ahmet Koca Hocam, sana;

Sınıfa geldiğimde **"Öğretmenim bizler çiçek gibiyiz, siz de çiçekleri yetiştiren bahçıvan gibisiniz. Onun için bizi hiç dövmeyin, hep sevin tamam mı?"** deyip beni öğretmenliğe âşık ettiniz. Bugüne kadar bana yaklaşık 6000 mektup yazarak sevginizi, üzüntünüzü, sorunlarınızı, hayallerinizi, korkularınızı, ümitlerinizi, düşüncelerinizi benimle paylaştınız. Öğrencileri daha yakından tanıyıp etkili bir öğretmenlik yapmama çok büyük katkılarınız oldu. Ben de sizi kendime her zaman öğretmen kıldım. Canım çiçeklerim 19 Mayıs Lisesinin tüm öğrencileri, size;

Yazmam konusunda beni hep teşvik eden, kitabına alma nezaketinde bulunduğu bir mektubumla içimdeki yazma arzusunu ateşleyen sevgili Pınar Yılmazer, sana;

Düşüncelerimdeki düğümleri, hatta kördüğümleri çözebilecek bir ipucu bulduğum, en koyu karanlıklarda hemen yanımızda hissettiğim dost, dost, tam dost Uğur Karaca, sana;

İlkokul mezunu Profesör Nuri Yetişir, sana; (Bildiğim kelimeler seni anlatmaya yetmedi.)

Soğuk bir şubat günü çaldığım kapısını sonuna kadar açıp bize candan bir ilgi gösteren Hidayet Pınarbaşı, sana;

Ve bu kitabı okuduktan sonra çevresindeki insanlara tavsiye edip solgun bir çiçeğe su vermiş gibi onların mutlu olmalarına katkıda bulunan sevgili okuyucum sana, evet evet sana...

Teşekkürler, gücümün yettiğince...

Alişan KAPAKLIKAYA

İÇİNDEKİLER